A responsabilidade
civil por difamação
no Direito inglês

P853r Porto, Sérgio José
       A responsabilidade civil por difamação no
Direito inglês / Sérgio José Porto. – Porto Alegre : Livraria do Advogado, 1995.
       152 p.; 14 x 21 cm.

       Bibliografia.

       ISBN 85-85616-38-5

       1. Responsabilidade civil : Difamação : Direi-
to : Inglaterra. 2. Responsabilidade civil : Reparação de dano : Difamação : Direito : Inglaterra.
I. Título.
                          CDU 347.51:343.63(420)

           Índices alfabéticos

Responsabilidade civil : Difamação : Direito : Inglaterra
                               347.51:343.63(420)
Responsabilidade civil : Reparação de dano : Difamação :
Direito : Inglaterra   347.513:343.63(420)

Bibliotecária responsável : Marta Roberto, CRB 10/652.

SÉRGIO JOSÉ PORTO

A responsabilidade civil por difamação no Direito inglês

livraria
DO ADVOGADO
editora

1995

© Sérgio José Porto, 1995

Capa, projeto gráfico e
supervisão editorial de
Henry Saatkamp

Composição e montagem de
Livraria do Advogado Ltda.

Direitos desta edição reservados por
Livraria do Advogado Ltda.
Rua Riachuelo 1338
Fones e fax (051) 2244312, 2253250 e 2265164
90010-273 Porto Alegre RS

Impresso no Brasil / Printed in Brazil

À minha filha Daniela

Prefácio

Um dos distritos da ciência do Direito que tem merecido análise assídua e dimensionamentos renovadores é o da responsabilidade civil. Não é por acaso que isto ocorre. Resulta do progresso que se verifica nos incontáveis setores da vida humana. Tando maior o progresso, mais extensa a responsabilidade civil. A responsabilidade acompanha o progresso como a sombra segue o corpo. À teoria da responsabilidade civil o Professor Sérgio Porto vem de dar contribuição original e relevante. Percorrendo os fecundos caminhos do Direito Comparado, foi buscar no Direito Inglês, que, pelas originalidades, muito se presta ao confronto com o Direito codificado do continente, as formas da responsabilidade civil derivadas da difamação. Servindo-se de bibliografia selecionada, freqüentando as melhores fontes, riscou com segurança as lindes do seu estudo, e, fixadas as fronteiras, aprofundou a investigação, a partir dos conceitos de "libel" e de "slander", de modo a dilucidar seus segredos mais recônditos. Lembrado da advertência com que Holmes abre o seu clássico *The Common Law*, "the life of the law has not been logic; it has been experience", bem como da observação de René David, segundo a qual "muito mais do que no Direito Francês, o conhecimento da história é indispensável no momento em que analisamos o Direito Inglês", não perdeu de vista a experiência jurídica, materializada nos precedentes e, depois, nas normas legais, introduzidas no século passado, não sem considerar a necessidade de preservar a honra dos cavalheiros que se dedicavam ao serviço da Nação, sujeitos às provações da vida pública.

Desse modo logrou compor um quadro amplo da questão, ilustrando-o com copiosas referências ao Direito Francês. É que o estudo nasceu ao tempo em que o autor fazia o doutorado em Paris e podia valer-se dos opulentos espólios bibliográficos de que tanto carecemos. A propósito, agudamente observou o autor que "o que separa o *tort of defamation* da responsabilidade delitual por difamação do Direito Francês, além das técnicas jurídicas particulares a cada sistema jurídico, é a concepção moral, que é distinta em cada um dos lados do Canal da Mancha e que serve de tela de fundo".

Mas se é certo que o lente da Casa de André da Rocha andou entre o Sena e o Tâmisa na elaboração de sua erudita monografia, não significa que seja apenas um belo ensaio de Direito estrangeiro; bem ao contrário, insere-se em nossa atualidade de maneira feliz e oportuna, pois, se é antiga em nosso Direito a responsabilidade civil relacionada com ofensas à honra, não menos certo é que a Constituição lhe deu nova dimensão, situando a honra, a imagem, a privacidade, como direitos individuais e proclamando a sua inviolabilidade.

Penso que a tese do Professor Sérgio Porto, sustentada perante o Instituto de Direito Comparado de Paris, então sob a direção do sábio Professor Denis Tallon, agora tirada em vernáculo, representa importante contribuição ao estudo do delicado tema em que se cruzam a liberdade de opinião e a inviolabilidade da honra. Mas acima do meu juízo está o dos mestres franceses. Aprovada com "menção honrosa" quando de sua defesa, veio a ser considerada a melhor do ano, recebendo a láurea "ouvrage couronné pour le Centre Français de Droit Comparé", entidade que engloba todos os institutos franceses de Direito Comparado. Creio que mais não preciso dizer para louvar a valiosa contribuição que o Professor Sérgio Porto dá à nossa literatura jurídica.

Paulo Brossard de Souza Pinto
Ministro aposentado do Supremo Tribunal Federal

Sumário

Lista de abreviaturas e siglas   13

Introdução   15

Capítulo Primeiro - A história da responsabilidade civil por difamação no Direito inglês   23

Seção I - O surgimento tardio da responsabilidade civil por difamação   24
§ 1º Os obstáculos à ação de indenização por difamação   25
§ 2º As condições históricas da ação de indenização por difamação   27
A. A ação especial   28
B. O meio ambiente político   31

Seção II - As tentativas de limitação do alcance da responsabilidade   34
§ 1º A interpretação do *mitiore sensu*   35
§ 2º A exigência da prova do dano   37

Seção III - A distinção entre *libel* e *slander*   41
§ 1º A necessidade de contornar os obstáculos do procedimento   42
§ 2º A crítica histórica da distinção entre *libel* e *slander*   45

Capítulo Segundo - Os pressupostos da responsabilidade por difamação   51

Seção I - A definição de difamação   52
§ 1º Os elementos comuns do *libel* e do *slander*   52
§ 2º A distinção entre *libel* e *slander*   60
A. As novas formas de *libel*   61
B. Os efeitos da distinção   64

Seção II - A determinação da vítima 67
§ 1º A referência à vítima 68
§ 2º A insinuação 72

Seção III - A comunicação da imputação difamatória 78

Capítulo Terceiro - As causas da exoneração da responsabilidade civil por difamação 83

Seção I - A exceção da verdade 84
§ 1º As regras da *Common law* 85
§ 2º As reformas legislativas pontuais 88

Seção II - A crítica honesta 92
§ 1º A veracidade dos fatos 98
§ 2º O interesse geral 98
§ 3º A honestidade do ponto de vista 102

Seção III - As imunidades 106
§ 1º A imunidade absoluta 107
§ 2º A imunidade relativa 110
A. A noção de imunidade relativa 110
B. A intenção de prejudicar 114

Capítulo Quarto - Os efeitos da responsabilidade civil por difamação 117

Seção I - A prevenção do dano 118

Seção II - A reparação do dano 120
§ 1º A condenação em perdas e danos 120
§ 2º A atenuação da responsabilidade 125

Seção III - As perdas e danos exemplares 126
§ 1º A posição tradicional da *Common law* 127
§ 2º As novas condições 129

Conclusão 139

Bibliografia 147

Lista de abreviaturas e siglas

AC	Appeal Cases
All ER	All England Reports
BGB	Bürgerliches Gesetzbuch (Código Civil Alemão)
C. Civil	Código Civil
D	Dalloz
JCP	Juris-Classeur Périodique (La semaine juridique)
KB	King's Bench
LQR	Law Quarterly Review
MLR	Modern Law Review
QB	Queen's Bench
QBD	Queen's Bench Division
RIDC	Revue Internationale de Droit Comparé
RTDC	Revue Trimestrielle de Droit Comparé
WLR	Weekly Law Reports

Introdução

Àqueles que estudam o Direito inglês da responsabilidade civil em geral, a responsabilidade por difamação em particular, a primeira observação que surge ao espírito é, evidentemente, a ausência de uma cláusula geral em matéria de responsabilidade[1].

Essa constatação um pouco banal tem inúmeras conseqüências no plano da responsabilidade civil e no domínio particular da obrigação de reparar os danos causados por ofensas à reputação.

Nos sistemas jurídicos que, à semelhança dos célebres artigos 1382 e 1383 do Código Civil Francês, adotaram uma fórmula geral com previsão para a responsabilidade civil pelos prejuízos causados a outrem[2], o problema suscitado é o que concerne aos limites. Dito de outra forma, a questão fundamental é a de saber qual o alcance da hipótese legal, posto que, sem esta precisão corre-se o risco de tomar o lugar de numerosos institutos jurídicos[3]. O mesmo ocorre, aliás, no que

---

[1] Para um estudo de responsabilidade civil no direito comparado, ver, essencialmente, Zweigert & Kötz (1977, v.2, p. 265-359), David (René), *English Law and French Law*, Stevens (1980, p. 150-71), Tunc (1981), Betti (1958, p. 167-81) e Dias & Markensinis, *English Law of Torts. A Comparative Introduction* (1976).

[2] É o caso, por exemplo, do Direito brasileiro (C.Civil, art. 159), do Direito português (C.Civil, art. 483) e do Direito italiano (C.Civil, art. 2043).

[3] Ver, para o Direito francês, Mazeaud, 1935.

A responsabilidade civil por difamação no Direito inglês 15

concerne a um princípio geral para o enriquecimento sem causa, e, até mesmo, para a cláusula geral denominada do direito geral da personalidade.

Não foi, aliás, por outra razão senão esta, que os redatores do BGB preferiram uma solução de compromisso entre o Direito comum (Gemeines Recht), que adotava o tradicional método dos tipos da responsabilidade do Direito romano, e a célebre forma francesa tomada por empréstimo, no essencial, à Domat. Ihering os advertiu do perigo[4], e eles então previram três tipos de responsabilidade, nos artigos 823 e 826, o que explica a evolução particular do Direito alemão nessa matéria[5].

No sistema inglês, onde os diferentes tipos de responsabilidade civil viram a luz à medida em que se desenvolviam as formas da ação ou certas leis, o problema a resolver, inversamente, não é o de saber quais os limites de uma cláusula geral inexistente, mas o de reconhecer ou não aos juízes o poder de ampliar o número de casos previstos nos precedentes, criando outros fatos ou atos que ensejam a responsabilidade do lesante.

Assim, a responsabilidade civil por difamação, no Direito francês, não é senão um aspecto do problema do dano moral, previsto, também ele, na fórmula deliberadamente imprecisa, enquanto no Direito inglês foi necessário desenvolver antecipadamente uma forma de ação especial - *trespass on the case* - a fim de proteger a reputação dos cidadãos.

O método inglês, por igual, apresenta inconvenientes: ainda nos nossos dias, o Direito inglês ignora a responsabilidade por abuso de direito e não protege a privacidade senão muito timidamente. Mas ele possui

---

[4] Ver Zweigert & Kötz, op. cit., 266.

[5] A discussão teve por objeto o alcance da expressão *Sontigesrech* (outros direitos) do art. 823, ao lado da vida, da integridade corporal, da saúde, da liberdade e da propriedade.
A responsabilidade pelos danos causados dolosamente e de modo contrário aos bons costumes foi objeto do art. 826. Trata-se também de uma cláusula geral cujo alcance é extremamente discutível.

vantagens consideráveis, na medida em que cada espécie de responsabilidade pode ser estudada separadamente, com uma impressionante multiplicidade de exemplos concretos, representados pelas decisões jurisprudenciais. E a despeito do desenvolvimento do *tort of negligence* (responsabilidade civil por negligência[6], que oferece também o risco de se tornar um *passe-partout*, podemos ainda dizer que no momento em que nem a *Common Law* (precedentes) nem o *statute law* (leis especiais) previram um dano qualquer, em um espécie de responsabilidade, isto é, em uma ação judicial especial, inexiste qualquer remédio jurídico: não estamos no domínio da responsabilidade civil! E podemos ver justamente nesse *tort of negligence* esta "lei de compensação" de que nos fala Rodière (1979, p. 60) "entre os fatores de estabilidade e os de reforma do direito [...] "uma vez que "nenhum sistema jurídico pode sobreviver se não conciliar a um só tempo as necessidades de segurança e de adaptação; a primeira corresponde à idéia de ordem, a segunda à de progresso, a justiça não sendo atingida, e sobretudo mantida no tempo, senão através da combinação entre ambas".

Entretanto, levando em conta a extrema prudência dos juízes inglêses e o atual estado de evolução do Direito inglês, as reformas que se possam esperar, no domínio da responsabilidade civil ou qualquer outro, virão, indubitavelmente, pela via legislativa. Trata-se, uma vez mais, da "lei de compensação das fontes do Direito", enunciada pelo mesmo autor (op. cit., p.61).

Sempre pela mesma razão - a ausência de uma cláusula geral da responsabilidade civil no Direito inglês -

---

[6] A responsabilidade civil por negligência, no Direito inglês, decorre da inobservância do dever de atenção (*duty of care*) que se deve ter segundo o paradigma de um homem razoável. Esta responsabilidade adquiriu uma considerável importância após o caso Doneghue v. Stevenson, 1932, 562, em que um consumidor de cerveja foi vítima de um mal-estar causado por uma lesma que se encontrava dentro da garrafa.

as regras sobre a matéria são enunciadas sem que haja necessidade de valer-se do Direito penal ou, mais recentemente, do Direito de informação[7]. Isso não quer dizer que as responsabilidades civil e penal não estejam atreladas uma à outra na Inglaterra. Mas é sob todos os ângulos significativo que as regras concernentes à responsabilidade civil por difamação, à diferença do Direito francês e dos sistemas que o seguiram, pertença ao domínio reservado à própria responsabilidade civil.

Ainda que a responsabilidade civil por difamação constitua um *nominate tort*, isto é, um tipo especial de responsabilidade no direito inglês, não devemos, para bem compreendê-la, negligenciar por completo as outras espécies de responsabilidade, ou, mais precisamente, outras noções comuns sem as quais não podemos colocar em relevo as singularidades do tema que nos interessa de perto.

Entre todos os casos de responsabilidade civil no Direito inglês, a difamação foi considerada, a justo título, como o mais difícil e o mais estranho[8].

Além das particularidades que dizem respeito às condições e aos efeitos do *tort of defamation*, que serão examinadas ao longo da exposição, a responsabilidade delitual por difamação no Direito inglês é a única espécie de responsabilidade em que a ação correspondente se extingue com a morte de um dos litigantes; estes não podem beneficiar-se do instituto da assistência judiciária, o que importa, segundo alguns autores, a reserva da ação judicial a litigantes afortunados. Enfim, ao lado de alguns raros casos de responsabilidade[9], a ação de inde-

---

[7] Ver Dumas (1981).

[8] "Defamation is arguably the most difficult of all torts. It is certainly the oddest." (Weir, Tony), *A Casebook on Tort, Sweet & Marwell*, 4ª, 1979, p. 429.

[9] O júri subsiste por igual para algumas outras espécies de *torts*, como a ação judiciária abusiva (*malicious prosecution*) e o *false imprisonment*.

nização por perdas e danos correspondente se processa, na primeira instância, perante um júri, e uma das questões controvertidas que surge freqüentemente é a de saber qual é a competência do júri em relação à do juiz. Duas comissões especiais foram criadas na Inglaterra tendo por finalidade a reforma do Direito da responsabilidade civil por difamação[10].

A Comissão Porter (Cmnd [7536] 1948), cujas recomendações originaram a lei sobre a difamação de 1952 (*Defamation Act*), e a Comissão Faulks (Cmnd [5909] 1975), que, mais recentemente, apresentou inúmeras sugestões, ainda não traduzidas em modificações legislativas. Algumas reformas "pontuais" podem ser esperadas.

Um lugar adequado será reservado à análise dessas proposições. Por ora, digamos simplesmente que as três particularidades do *tort of defamation* acima enunciadas - a extinção da ação pela morte de um dos litigantes, a ausência de assistência judiciária e a competência do júri - foram seriamente questionadas no relatório da última comissão.

Mais interessante do que a comparação com as outras espécies de responsabilidade civil é a relação entre o Direito inglês, de um lado, e o Direito francês, de outro, no que concerne aos aspectos essenciais.

Para além das diferenças técnicas oriundas da evolução histórica particular a cada sistema, as concepções morais que constituem o pano de fundo da responsabilidade por difamação são completamente distintas umas das outras dos dois lados do Canal da Mancha.

É na divergência entre as concepções morais que devemos pesquisar a razão primeira, a causa da profunda diferença entre o *tort of defamation* e a *responsabilité civile délictuelle pour diffamation*. As raízes desta disparidade de ordem moral, que está na base das soluções jurídicas, somente se podem encontrar na história geral da Inglaterra. A história do Direito inglês não é senão a conseqüência.

---

[10] Ver Pitt (G. J.), *Resports of Committees*, (1976, p. 187-95).

Os juristas, por demais influenciados pelo positivismo jurídico e pela sempre surpreendente disparidade técnica entre os dois sistemas jurídicos, têm negligenciado por completo semelhante análise, a única hábil para solucionar satisfatoriamente o fundo da questão.

Descrever, comparar, é extremamente importante, mas não é tudo: para sermos completos, o estudo sobre a responsabilidade por difamação deve revelar dois valores jurídicos que precisam ser respeitados.

Aparentemente, quanto mais estrita ou rigorosa for a responsabilidade por difamação, tanto mais a liberdade de informação - a liberdade de imprensa em particular - é restringida. E, inversamente, quanto mais a liberdade de informação é respeitada, tanto menos o direito à reputação é protegido.

Quando tratou de dissertar sobre a liberdade de imprensa, em outro país da *Common law*, Tocqueville (1981, p. 264) assim se expressou: "Confesso que não tenho pela liberdade de imprensa esse amor completo e instantâneo que se reconhece de pronto às coisas soberanamente boas por sua natureza. Eu a amo mais em consideração dos males que ela impede do que pelos bens que ela faz. Se alguém me mostrar, entre a independência completa e a inteira servidão de pensamento, uma posição intermediária onde possa eu me situar, aí estabelecer-me-ia quiçá; mas quem descobrirá esta posição intermediária?"

Esta aparente antinomia entre o respeito à reputação alheia e a liberdade de informação - longe de responder à questão bem mais abrangente de Tocqueville - deve interessar-nos mais do que os aspectos procedimentais, na medida em que estes últimos possam ser negligenciados.

Restrito ao conflito liberdade de informação e proteção da honra, o Direito inglês referente à matéria pode ser analisado como uma excelente resposta à questão proposta por Tocqueville.

Examinaremos, inicialmente, a história da responsabilidade civil por difamação (capítulo primeiro), para estudarmos em seguida as suas condições (capítulo segundo), as suas causas de exoneração (capítulo terceiro) e, enfim, os seus efeitos jurídicos (capítulo quarto).

CAPÍTULO PRIMEIRO

A história da responsabilidade civil por difamação no Direito inglês

O professor René David (1982, p. 317), em obra considerada clássica sublinhou a importância histórica do Direito inglês da seguinte forma: "Muito mais do que no Direito francês, o conhecimento da história é indispensável no momento em que analisamos o Direito inglês. Em verdade, o Direito inglês não conheceu nem a renovação através do Direito romano, nem mediante a codificação, que são característicos do Direito francês e dos outros Direitos da família romano-germânica. Ele desenvolveu-se de forma autônoma, pouco sofrendo a influência de contatos com o continente europeu. O jurista inglês - que subestima a continuidade dos Direitos continentais, crendo freqüentemente que a codificação acarretou uma ruptura com a tradição desses Direitos - tem particular afeição a relevar a continuidade histórica do seu Direito; este pareceu-lhe como sendo o produto de uma longa evolução, que não foi perturbada por nenhuma revolução; ele se orgulha dessa circunstância, da qual deduz, não sem razão, a prova de uma grande sabedoria da *Common law*, de suas facilidades de adaptação, de seu valor permanente, e das qualidades correspondentes dos juristas e do povo inglês".

Essas observações gerais são particularmente verdadeiras para o assunto que nos interessa. Com efeito, nem as particularidades do *tort of defamation*, em relação às outras espécies de responsabilidade civil no Direito inglês, nem as condições e os efeitos que lhe são específicos, nem mesmo a terminologia jurídica empregada pela jurisprudência e doutrina podem ser compreendidas senão através de suas características históricas[11].

A responsabilidade civil por difamação somente foi criada e desenvolvida pelos tribunais da *Common law*, em época relativamente serôdia (I). Em seguida, a fim de limitar o número de ações judiciais, foi necessária a tentativa de limitá-la em seu alcance (II). Enfim, a distinção terminológica de base, assim como os efeitos da responsabilidade, têm por igual, uma explicação histórica que deve ser levada em consideração (III).

SEÇÃO I - O SURGIMENTO TARDIO DA RESPONSABILIDADE CIVIL POR DIFAMAÇÃO

A *Common law* foi, e em certa medida continua a ser profundamente influenciada pelas formas de ação. Semelhante circunstância deve continuadamente ser relembrada, quando se trata de examinar uma instituição inglesa.

A doutrina, sem exceção, apela invariavelmente para uma famosa frase de Maitland a fim de explicar o caráter procedimental, sempre predominante: "as formas de ação, nós as enterramos, mas elas continuam a nos guiar de seus túmulos"[12].

---

[11] Para um estudo histórico da responsabilidade civil por difamação no Direito inglês, ver, especialmente: Holdsworth (1956, v.8, p. 332-78), Milson (1981, p. 379-92), Baker (J.H), *An Introduction to English Legal History*, Butterworths, 2.ed, (1979, p. 364-74), Fitfoot (1949, p. 126-54), Kaye (1975, p. 524-39).

[12] The forms of action we have buried, but they still rule us from their graves.

Efetivamente, para ter aceita uma demanda judicial, o litigante tinha de obter, antes de tudo, um *writ* do Chanceler do Rei. Este procedimento preliminar fundava-se no caráter excepcional das cortes reais na Inglaterra: a justiça era uma espécie de favor concedido pelo Chanceler em nome do Rei *(Non potest quis sine brevi agere)*.

Se acaso o litigante não encontrasse, no *Register of writs* uma fórmula apropriada à sua demanda, é porque nenhum direito havia a reclamar[13].

Por outro lado, se acaso ele se enganasse na escolha do *writ* apropriado à sua ação judicial *(cause of action)*, uma vez mais sua demanda não seria recebida pelas cortes reais. Semelhante sistema iria durar por muito tempo, pelo menos até 1852, quando uma lei, a *Common Law Procedure Act*, pôs termo às formas de ação.

Entre as várias formas de ação, a ação de *trespass* e o *trespass upon the case* são particularmente importantes para melhor compreender o Direito inglês da responsabilidade delitual. Mas houve outras explicações para o atraso do surgimento da ação por perdas e danos por difamação, em relação às outras espécies de responsabilidade civil.

Estudaremos então, em primeiro lugar, os obstáculos à ação de indenização por difamação (§ 1º) e, após, as condições históricas que permitiram o seu notável desenvolvimento (§ 2º).

§ 1º - Os obstáculos à ação de indenização por difamação

Ao lado dos *precipe writs* - as formas de ação tendo por objeto os conflitos em torno de um direito subjetivo *(right)*, a propriedade *(the writ of right for a land)*, por exemplo - a ação do *trespass* pertencia a uma segunda família de remédios judiciários, cuja finalidade era a de

---

13 Esta conseqüência do sistema das formas de ação foi acentuada após a edição do Provision of Oxford de 1258, que tornava defeso aos funcionários da Chancelaria conceder *writs* fora dos precedentes, sem a competente autorização do Conselho do Rei.

sancionar com uma pena quem fosse acusado de *transgressio*, isto é, no jargão normando (*French law*), aquele que causasse um dano a outrem de forma ilícita.

Havia, e ainda há, o *trespass* à propriedade (*to land*), o *trespass* aos bens móveis (*to chattels*) e o *trespass* à pessoa (to persons: *assault, battery and false imprisonment*), dos quais apenas o primeiro faz parte integrante do inglês corrente, não sendo reservado à terminologia estritamente jurídica.

Em sua origem, a ação do *trespass* não requeria nem a prova do dano, que era, digamos, presumido, nem ainda a da culpa do lesante[14]. A conduta ilegítima do réu, ao que parece, era a condição suficiente para o provimento da ação.

Entretanto, a ação judicial estava adstrita a outras condições particularmente limitadas: os funcionários da Chancelaria não podiam conceder *writs of trespass* senão quando as infrações eram cometidas "pela força e atentavam contra a paz do Reino" (*vi et armis et contra pacem regis*). Esta fórmula, dita *ostensurus quare*, surgiu algumas décadas antes de 1.200 A.D. Além disso, a medida judicial somente era concedida no limite dos danos que decorressem diretamente da infração.

Não é difícil imaginar, então, que a responsabilidade por difamação não tinha muito espaço em semelhante sistema.

Se as condições gerais da ação de *trespass* não eram favoráveis a uma solução jurídica às ofensas à honra e à reputação dos cidadãos do reino, é preciso, ainda, acres-

---

[14] A questão de saber se a culpa do lesante é uma condição do *tort of trespass* foi amplamente discutida. Foi necessário, ao que tudo indica, esperar até 1951, para que o problema fosse definitivamente resolvido, no sentido afirmativo (National Coal Board v. J.E. Evans [1951] 2 All ER 310), pela King's Bench Division. Para o *trespass* à pessoa, uma decisão no mesmo sentido foi prolatada anteriormente (Stanley v. Powell [1891] QB 86), e tornou-se ao menos embaraçoso explicar, desde então, que os bens eram melhor protegidos do que as pessoas. Ver Williams & Hepple (1976, p. 47-8).

centar que as condições particulares da responsabilidade por difamação estavam ainda mais longínquas.

As razões pelas quais a *Common law* desconheceu praticamente ações de indenização por difamação antes de 1500 estão ligadas à competência de jurisdição da Igreja, que existia ao lado da jurisdição dos tribunais reais. Porque os dados morais pertenciam ao domínio dos tribunais eclesiásticos, era à Igreja, e não à Justiça, que cabia sancioná-los.

Havia também um sentimento bem profundo no sentido de que as palavras não podiam causar danos tão sérios quanto as pedras, e que não poderiam, conseqüentemente, dar ensejo a uma ação de *trespass* (Baker, op. cit. p. 364). À Igreja, então, caberia se ocupar disso.

Por via de conseqüência, o Direito inglês apresentava uma lacuna, melhor seria chamá-la "espaço ajurídico" (*creux*), que era preciso colmatar.

Essa lacuna, pelas condições relativamente estritas da ação de *trespass*, constituía um obstáculo não apenas a responsabilidade por difamação, mas a responsabilidade civil por inteiro.

Muito embora tenha sido necessário o surgimento de um outro *writ* para que a responsabilidade civil pudesse se desenvolver completamente, é a ação de *trespass*, e também à ação de *detenue* (posse ilegítima de bens) que ela deve suas origens.

É interessante observar, desde logo, que pelas duas razões apontadas, a difamação era tida como um dano sem responsabilidade (*damnum sine injuria*). Sua evolução, de todo surpreendente, irá no sentido de uma responsabilidade sem dano (*injuria sine damno*), o que é bastante paradoxal.

§ 2º - *As condições históricas da ação de indenização por difamação*

As condições históricas do surgimento da ação de indenização por difamação no Direito inglês correspondem, evidentemente, à natureza ao mesmo tempo jurídica e não jurídica, digamos política, dos obstáculos que mencionamos a instantes.

A. *A ação especial*. Inicialmente, foi preciso criar um novo *writ*, um outro remédio jurídico, que correspondia a outra *cause of action*, isto é, a outra situação de fato que estava a exigir uma ação judicial específica.

Com efeito, a maior parte das situações de fato que ensejavam uma ação por perdas e danos não se subsumiam, ao menos facilmente, nas condições da ação de *trespass vi et armis*. A utilização de meios violentos a ameaça à paz do reino e a existência de um prejuízo diretamente ligado à conduta ilícita do lesante, não estavam presentes, as mais das vezes.

A circunstância tornou-se tão grave que se podia falar em denegação de justiça.

No fim do século XIV, os funcionários da Chancelaria começaram a outorgar *writs* especiais, que correspondiam aliás a situações especiais em relação à noção de *trespass*. Os novos *writs* eram chamados *trespass on the special case*, ou *trespass on the case*, ou, simplesmente, *case*.

Ao longo dos anos o maior número de situações, no domínio da responsabilidade civil encontrou na ação *upon the case* a solução jurídica conveniente e o maior número das espécies de responsabilidade, exceção feita ao *trespass* e a *detenue*, nela encontrou sua origem, cada uma com pressupostos e conseqüências jurídicas particulares.

A difamação, o *deceit* (erro provocado por dolo nos contratos), a *conversion* (dano imputado àquele que administra bens mobiliários de outrem), a *negligence*, a *nuisance*, a demanda judicial abusiva (*malicious prosecution*), e assim por diante, vieram à lume através da ação *on the case*.

A época da relativa racionalização do Direito inglês, no século XVIII, o *trespass* e o *case* foram objeto de distinção segundo o critério do dano direto e indireto, respectivamente. E o exemplo clássico é aquele formulado por Fortescue[15]: "Se um homem atira uma acha de lenha sobre uma estrada, e se a acha atinge alguém, este pode interpor uma ação por *trespass*; mas se a vítima limitou-se a tropeçar sobre a acha de lenha que se encontrava no caminho, então somente poderia intentar uma ação *on the case*[16].

Dessarte teve início a predominância da forma sobre o fundo e os juristas ingleses convenceram que o *trespass* e o *case* eram duas noções diferentes. Interpor uma ação por outra era fatal ao litigante e o pensamento jurídico inglês teve muita dificuldade em compreender que as duas ações poderiam ser consideradas como um único remédio aos conflitos decorrentes da responsabilidade civil (Baker, op. cit., p. 59).

Entretanto, como a distinção entre as duas ações judiciais, mesmo à época da racionalização, era um tanto quanto obscura, foi preciso abandoná-la. A partir de 1852, não há senão um só *writ*, e doravante o autor sequer está adstrito a mencionar a forma de ação em sua petição inicial (*statement of claim*).

Mas como observa a justo título o Professor Tunc, (op. cit., p.58) "com a abolição das formas de ação em 1852, aquilo que era considerado uma classificação dos remédios judiciais previstos pelo Direito, torna-se uma classificação dos direitos e deveres jurídicos".

Nos nossos dias, há apenas um *writ*, sempre necessário, aliás, mas os juristas, notadamente os mais clássicos, continuam a utilizar os mesmos conceitos e categorias jurídicas desenvolvidas anteriormente, no momento em que se pôs fim às formas de ação.

---

[15] In Reynolds v. Clarke [1725] 93 E.R. 748, citado por Williams & Hepple (op. cit., p. 42-43).

[16] A tradução francesa é do Professor Tunc, (op. cit., p. 57): "Si un homme jette une bûche sur la route, et que la bûche frappe un passant, celui-ci peut poursuivre pour 'trespass'; mais si le passant s'est borné à buter sur la bûche qui se trouvait sur le chemin, il ne peut intenter q'une action 'on the case'".

A responsabilidade civil por difamação no Direito inglês 29

Nesse sentido, não seria extravagante dizer que a difamação é a espécie de responsabilidade civil outrora sancionada pela ação de *trespass on the special case*.

Inobstante, e apreciada por outro ângulo, a *Common law* parece ter sido bastante flexível, em matéria de responsabilidade civil.

Mas é preciso observar que a ação *upon the case* explica uma outra particularidade extremamente importante do Direito inglês: a responsabilidade delitual, à diferença de inúmeros institutos jurídicos, ficou imune, por esta mesma razão, a toda e qualquer ingerência da *Equity*. Ela pertence inteiramente ao domínio da *Common law*.

Após a unificação das jurisdições da *Common law* e da *Equity* (1873-1875), os magistrados ingleses, quer pertencessem à Divisão do Banco da Rainha (Queen's Bench Division), quer à Divisão da Chancelaria (Chancery Division), passaram a ter os mesmos poderes para conceder qualquer medida de natureza jurídica. É assim que a prática da *injonction* (determinação judicial), originária da *Equity*, foi incorporada ao direito da responsabilidade civil por ato ilícito o que não é desprovido de importância para a difamação, como teremos ocasião de examinar.

Com o advento do novo *writ* especial, os obstáculos jurídicos para o surgimento da responsabilidade civil por difamação estavam definitivamente superados. Os juristas, tanto ingleses quanto continentais, insistem o bastante sobre esses aspectos da história do Direito inglês.

Mas para que a responsabilidade por difamação pudesse nascer e se desenvolver, designadamente com os aspectos bastante peculiares do Direito inglês, ainda era preciso que os obstáculos que chamamos de não-jurídicos fossem também eles removidos. E a história geral ganha em importância da história do Direito. Conviria aos juristas atentarem mais para isso.

B. *O meio ambiente político.* As primeiras ações de perdas e danos por difamação surgiram no começo do século XVI. Algumas poucas foram ajuizadas desde o século XIV, mas eram na verdade ações judiciais cujo fundamento jurídico estava na lei de 1378, o assim chamado estatuto do *scandalum magnatum*, através do qual não se protegia senão a reputação de alguns cidadãos notáveis, como os bispos e os magistrados.

Os historiadores do Direito inglês explicam as razões do sucesso que conheceram as ações de indenização por difamação desde o início do século XVI através do declínio das cortes eclesiásticas e da ameaça de conflito entre as jurisdições reais e a *Star Chamber*[17].

É preciso, no entanto, lembrar que ambos os eventos dito explicadores do fenômeno são apenas uma diminuta parte do enorme "terremoto" político que abalou a Inglaterra nessa época e que, ao que parece, não apenas explica o surgimento e o desenvolvimento da responsabilidade civil por difamação, como também e principalmente revela os contornos absolutamente distintos e particulares que adquiriu e ainda possui em relação ao Direito francês.

Esse período é conhecido historicamente como a época dos Tudors[18], que reinaram na Inglaterra entre 1485 e 1603. Mais particularmente no início do século XVI, ocorreu o reinado de Henrique VIII, cuja história é bastante conhecida do público em geral.

---

[17] A corte da *Star Chamber - camera stellata*, era nada mais do que o Conselho do Rei reunido em uma sala do Palácio de Westminster cujo teto representa uma pintura cheia de estrelas douradas. À época do Chanceler Thomas Wolsey (1515-29), tornou-se uma verdadeira corte judiciária com uma extensa competência. O Direito penal acerda do *libel* (difamação permanente) muito deve ao trabalho desse tribunal. Ao longo dos anos passou a ser utilizada para fins políticos, tornando-se célebre pela brutal repressão que implantou no país. Foi abolida em 1641.

[18] Para um estudo desse período capital da história da Inglaterra, ver Trevelyan (1981, p. 201-61).

Menos conhecidas são as circunstâncias nas quais o país viveu nessa época e as conseqüências que se verificaram.

O reinado de Henrique VIII caracterizou-se pelo Renascimento, pela Reforma e também pela transição de um país isolado para o centro dos acontecimentos mundiais.

Pelo Renascimento, inicialmente, que teve na Inglaterra uma dimensão singular, uma vez que os Reformadores de Oxford - Colet, More e até Erasmo, que era amigo e aliado de More - com a *New Learning*, colocaram o acento tônico de suas preocupações nos problemas de ordem moral, e não apenas estéticos dos textos antigos, gregos ou romanos, e muito influenciaram o Rei e seu povo a se libertarem da moral católica de antanho.

Pela Reforma, sobretudo, que abalou a Inglaterra através de seu anticlericalismo, do questionamento de tudo o que representava a moral religiosa, da ruptura, enfim, com aquela representada pela Igreja Católica.

Seria preciso lembrar que, não somente os tribunais eclesiásticos tiveram seu declínio, mas também os estudos do Direito canônico foram proibidos, a lei dos seis artigos foi promulgada, os católicos e os protestantes brutalmente perseguidos, e, principalmente, a soberania do Estado sobre todos os domínios que passaram a ser julgados seus foi proclamada, às expensas do poder do clero?

E que Wolsey, o primeiro Chanceler do Rei Henrique VIII - demitido por não ter tido sucesso em obter do Papa a declaração de inexistência de casamento entre o Rei e Catarina de Aragão - foi o último chanceler a não ter a formação de um jurista experimentado, e que a *Equity* deveria doravante subordinar-se ao Direito (à *Common law*) e não mais à consciência religiosa do titular da Corte da Chancelaria?

O primeiro conflito entre o Tribunal da Chancelaria e as cortes da *Common law* não foi simplesmente o resultado do mau humor dos magistrados contra a falta de habilidade do Cardeal Wolsey. Refletiu antes o clima anticlerical, anticatólico imperante na Inglaterra. Até mesmo o sucessor do Cardeal, o jurista Thomas More conheceu um fim brutal por não ter querido repudiar a autoridade papal.

Esse clima anticlerical se explica também pelo nacionalismo triunfante que negava tudo aquilo que era tido como latino e que muito aproveitou ao Rei no momento em que alegava que a recusa do Papa ao seu pedido era em verdade uma ingerência estrangeira inadmissível, posto que ele pretendia casar-se novamente para ter um filho homem. É preciso lembrar que até então a Inglaterra não tinha tido nenhuma Rainha e que um filho era preciso para assegurar a sucessão do trono.

Finalmente, a época dos Tudors caracterizou-se ainda pela criação da Marinha Inglesa (*Royal Navy*), pelo mesmo Henrique VIII, e que iria doravante disputar implacavelmente com a Espanha e com Portugal os novos países cuja descoberta e colonização retiraram a Inglaterra de seu isolamento insular e a colocaram no centro das novas relações internacionais.

O que é preciso reter é, sobretudo, a ruptura com as concepções morais católicas.

"A distinção entre a Inglaterra e a Europa Continental, notadamente a Europa Latina, que a conquista normanda havia obscurecido, foi colocada em relevo uma vez mais pelo surgimento desses acontecimentos distintos dos dois lados da Mancha. A civilização inglesa e a civilização francesa, até então não muito facilmente distinguíveis uma da outra, tornaram-se não apenas diferentes, mas também repulsivas uma em relação à outra"[19].

---

[19] The distinction between England and continental Europe, particularly Latin Europe, which the Norman Conquest had obscured, was emphasized once more by the opposite developments on the two sides of the Channel. english and French civilizations, at one time not very easily distinguishable, became not only separate but mutually repelent (Trevelyan, op. cit., p. 202).

O que separa o *tort of defamation* da responsabilidade delitual por difamação do Direito francês, além das técnicas jurídicas particulares a cada sistema jurídico, é a concepção moral, que é distinta em cada um dos lados do Canal da Mancha e que serve de tela de fundo.

"A responsabilidade civil" dizia Ripert (1949, p. 224), "não é senão a determinação e a sanção legal da responsabilidade moral".

Pelas razões examinadas - a superação, a um só tempo, dos obstáculos jurídicos e "políticos" - a ação de perdas e danos por difamação iria obter um desenvolvimento tal que foi preciso limitá-la brutalmente através de novas técnicas jurídicas.

SEÇÃO II - AS TENTATIVAS DE LIMITAÇÃO DO ALCANCE DA RESPONSABILIDADE

A história da responsabilidade civil por difamação na Inglaterra, até o momento em que os seus pressupostos foram determinados de uma vez por todas, tem isso de particular que ela conheceu momentos de apogeu e declínio.

Ao novo sucesso obtido graças, a um só tempo, à ação *upon the case* e a ruptura definitiva e brutal com as concepções morais da Igreja Católica da Idade Média, correspondia, ainda uma vez, uma tentativa de limitação, na sua extensão, mediante meios estritamente jurídicos.

Desta vez, entretanto, as razões foram de ordem exclusivamente jurídicas: a ausência de restrições permitia que a mais desprezível disputa verbal fosse trazida a juízo.

A longa evolução da distinção entre as simples ofensas e as verdadeiras transgressões à honra e à reputação alheias tinha o seu termo inicial.

Os meios técnico-jurídicos tendentes a restringir o alcance da responsabilidade traduziram-se principalmente na assim chamada interpretação *mitiore sensu* (§ 1º) e na exigência, na maioria dos casos, da prova do prejuízo por parte do lesado (§ 2º).

§ 1º - *A interpretação mitiore sensu*

A regra *mitior sensu* consistia na interpretação das palavras tidas como difamatórias, através do significado menos grave possível, dadas as circunstâncias. Visava-se, evidentemente, excluir a responsabilidade.

Se essa regra não era aplicada senão quando uma dúvida sobre o sentido das palavras era verdadeiramente permitida, podia-se nela ver uma prova da sabedoria da *Common law*, em sua tentativa de limitar o número alarmante de questões versando sobre difamação.

Porque a extensão da interpretação através do significado menos grave foi levada bem além de seus limites razoáveis, a jurisprudência inglesa nesse particular - é o mínimo que se pode dizer - assemelha-se muito mais ao anedótico, que os autores, aliás, comprazem-se em revelar[20].

Com efeito, a regra, que data de 1580, foi mais tarde enunciada por Coke, Rolle e March, na primeira metade do século XVII - com um sentido e uma finalidade razoáveis. O último dos juristas citados assim a explicou: "Nós temos uma regra segundo a qual as palavras, se elas são suscetíveis de serem interpretadas em um sentido duplo, devem sê-lo sempre no sentido mais favorável àquele que as exprimiu [...] Eu digo isso como sendo o direito, quando as palavras são ambíguas, mas se elas forem claras ao ponto de constituírem o objeto de uma ação, então o direito não deve ajudar um homem"[21].

---

[20] Para um recenseamento dos casos em que a regra *mitior sensu* foi aplicada, ver Holdsworth, (op. cit., p. 353-6).

[21] "We have a rule that words, if they admit of a double construction shall always be taken in the best sens for him that speaks them... This I say the law doth when the words are amphibolus, but if the words are clary actionable, in such case the law will never aid a man", *in* Actions for Slander 5, citado por Holdsworth, (op. cit., p. 355).

A passagem de Rolle, em jargão normando (*French law*) merece ser citada sem tradução: "Lou les parols sont dubious et poient receiver interpretacion lun voie que ils serront actionable et l'autre nemy, ils serront prise en mitiori sensu"[22].

A clareza da regra enunciada de forma visivelmente habilidosa não impediu os tribunais reais de continuar a levá-la ao extremo de dizer, por exemplo, que a imputação da intenção de cometer um delito não poderia ser objeto de uma ação por difamação, na medida em que a simples intenção, não seguida de um ato material, não é punida pelo Direito. O mesmo ocorria na acusação de cometer um crime impossível.

Dizer que um homem estava infectado pela sífilis (*pox*) não poderia também constituir objeto de uma ação por difamação, uma vez que isso talvez significasse que ele estava com varíola (*smallpox*). Com efeito, a sífilis (*French pox*) e a varíola (*smallpox*) podiam, ambas, serem chamadas simplesmente de *popox*.

A frase "você é um ladrão e você roubou minhas árvores" podia ser compreendida no sentido difamatório, porquanto a última proposição é mais precisa: mas esta outra "você é um ladrão porque você roubou minhas árvores", não podia ser tida como difamatória, uma vez que a última proposição é explicativa. Posto que, evidentemente, nenhum crime havia sido cometido.

O caso talvez mais eloqüente foi o da vítima acusada de ter batido na cabeça de seu cozinheiro com uma acha de lenha, ao ponto de cada uma das partes da cabeça ter caído sobre um dos ombros. O tribunal decidiu, em 1607, que a ação por difamação não poderia ser conhecida, porque o cozinheiro poderia estar vivo e então o caso seria de *trespass*.

---

[22] Idem, ibidem: "No momento em que as palavras são dúbias e passíveis de serem interpretadas, um vendo que podem ser objeto de uma ação, e outro não, elas serão compreendidas no sentido menos grave".

Essas sutilezas eram tanto mais destituídas de sentido que em inúmeros casos as palavras poderiam ter sido exprimidas no calor de uma discussão, onde não havia lugar para medir com tal grau de nuanças as conseqüências.

Chamar um comerciante de "falido" era difamatório; mas chamá-lo de "cretino como um falido" não o era, na medida em que não se podia deduzir que houve falência. E assim por diante.

Durante muito tempo, as cortes inglesas utilizaram-se deste método para tentar restringir o afluxo das ações por difamação. Até 1714, ao que parece, continuaram a jogar com as palavras, para interpretar as declarações difamatórias no sentido mais favorável ao réu.

Após o início do século XVIII, porque era preciso readquirir a confiança na justiça, evitar as vinganças pessoais e os duelos, a jurisprudência inglesa abandonou a regra *mitior sensu*. As palavras doravante serão interpretadas na conformidade de seus significados os mais naturais e os mais evidentes (Baker, op. cit. 368).

Mas a *mitior sensu rule* não foi o único meio de servir de muralha ao número excessivo de questões sobre difamação.

§ 2º - A exigência da prova do dano

Já sublinhamos que a difamação era, antes do início do século XVI, um *damnum sine injuria*, isto é, um dano (responsabilidade) sem prejuízo.

As primeiras ações tendo por objeto a difamação foram interpostas em razão de acusações por roubo, seguidas por outras que também imputaram à vítima um delito penal, como o homicídio. A ação *upon the case* de um modo geral deveria mencionar um prejuízo especial qualquer, para evitar o juízo de inadmissibilidade fundado no caráter simplesmente espiritual do dano, e que suscitava a competência dos tribunais eclesiásticos, como já vimos.

Ao lado da imputação do cometimento de um delito, a segunda hipótese mais comum, na qual se pode subsumir inúmeras ações judiciais intentadas *sur le case*, era a alegação de incompetência profissional. Era relativamente fácil demonstrar as perdas financeiras decorrentes de uma acusação desse gênero: o advogado poderia perder constituintes; o comerciante poderia sofrer lucros cessantes em sua atividade mercantil, em virtude de uma alegação de desonestidade ou de incompetência. Mas a natureza danosa era investigada em função da pessoa difamada. Assim, a imputação de falência somente poderia atingir um comerciante. Por outro lado, chamar alguém de iletrado ou de ignorante não poderia ser uma causa de ação, salvo, bem entendido, se a vítima fosse um advogado, cuja profissão exige um certo saber.

Uma terceira categoria de situações, também freqüentes, era constituída pela imputação de certas doenças, particularmente graves, como a sífilis, ofensa muito difundida à época da Rainha Elisabeth, ou a lepra. O prejuízo era uma vez mais evidente, em virtude do isolamento da vítima, devido ao caráter contagioso da doença.

Abstraídas essas hipóteses, dizer que alguém estava doente não era difamatório e não podia ser objeto de uma ação diante das cortes da *Common law*, salvo o caso no qual a alegação poderia, ao menos teoricamente, atingir a vítima no exercício de sua profissão. Por exemplo, chamar alguém como um advogado de demente, ou um cabelereiro de ter *delirium tremens*, constituía sempre uma difamação.

Essas três categorias de situações são importantes e devem ser retidas desde já, pois elas excepcionarão a célebre distinção inglesa entre *libel* e *slander* que veremos em seguida. O que importa agora é que nesses casos a existência de um prejuízo é tão evidente que dispensa qualquer prova material. E essa regra, ainda em vigor no Direito inglês, é bastante antiga. É interessante notar que ela remonta exatamente à época dos Tudors, quando, como vimos, houve uma ruptura com a Igreja Católica e o declínio conseqüente das cortes eclesiásticas. Ora, a existência de um dano material (*temporal loss*) era tido como um meio de excluir a competência desses tribunais, em benefício das cortes da *Common law*. E parece evidente que o litigante era favorável a uma justiça que lhe reconhecia direito a perdas e danos, em vez de penitências impostas ao réu. As cortes reais eram pois preferíveis às cortes eclesiásticas.

Além das três hipóteses analisadas - a imputação de um delito, a alegação de uma incompetência profissional ou de uma doença contagiosa - a prova da existência do prejuízo era uma condição da responsabilidade por difamação. Ainda o é, muito embora atenuada pela distinção entre *libel* e *slander*. O que era chamado dano material (*material loss*) denomina-se nos nossos dias dano especial (*special damage*), como veremos mais adiante.

A despeito da abolição dos estudos do Direito canônico em Oxford e em Cambridge e da extinção, em 1534, do recurso à autoridade papal em Roma, a jurisdição da Igreja sobreviveu durante muito tempo. Sua competência em matéria de casamento, divórcio e testamento somente desaparecem definitivamente em 1857.[23]

Até mesmo após a queda do Cardeal Wolsey - o ponto de partida da reversão de tendências na longa rivalidade entre a justiça real e a da Igreja - a controvérsia limitou-se à distinção, por demais discutível, entre matéria espiritual e matéria temporal. Esta querela entre o Estado e a Igreja ainda não deixou de existir, aliás, no plano político, nos países sob forte influência católica.

No que concerne à difamação, a partir da Reforma, as cortes reais puderam superar as cortes eclesiásticas,

---

[23] A literatura sobre a história das cortes eclesiásticas na Inglaterra é abundante. Ver, essencialmente Baker (op. cit., p. 110-5).

designadamente através da noção do dano material decorrente da imputação de ordem moral ou espiritual.

O prejuízo era pois presumido nas três situações jurídicas mencionadas. Para as demais situações, era preciso demonstrá-lo. Parece que a razão de ser de semelhante tratamento jurídico foi, daí para frente, não mais a simples existência, embora consideravelmente enfraquecida, da justiça da Igreja, mas o número excessivo das ações de indenização por difamação que era preciso limitar.

O que foi o resultado de um compromisso tornou-se em meio técnico de limitar as condições de ajuizamento de uma ação com vistas à redução de seu afluxo.

Assim, para dar apenas alguns exemplos, a imputação de impudicícia de uma mulher não era, de ordinário, admissível perante as cortes da *Common law*, salvo se a vítima pudesse administrar a prova da perda de um casamento. A mesma imputação se dissesse respeito a um homem, também não podia ser objeto de uma ação de indenização. Ainda em nossos dias, esta regra continua em vigor no Direito inglês[24].

Se alguém alegasse que uma mulher assassinou o seu marido, a ação não seria recebida se a demanda tivesse sido ajuizada por ambos os cônjuges, pois semelhante circunstância demonstrava a ausência de prejuízo[25].

Chamar uma mulher de prostituta também não podia ser objeto de uma ação de perdas e danos, sem a prova bastante de um dano material. Foi preciso uma lei especial de 1891 - *The Slander of Women Act* - para que esta regra jurisprudencial fosse abolida.

Todas as acusações consideradas como traduzindo danos espirituais - "herético", "bastardo", "má conduta

---

[24] Para a jurisprudência e conseqüentes referências, ver Holdsworth, (op. cit., p. 357-61).

[25] March, Actions for Slander, 49, citado por Holdsworth, (op. cit., p. 368).

sexual" - não podiam e ainda não podem ensejar uma ação de perdas e danos senão à vista da prova do dano.

Uma outra tentativa de restringir o número exorbitante de ações judiciais de perdas e danos - e que continua importante para a compreensão do Direito inglês moderno - era ligada ao caráter difamatório da imputação.

Esta nova restrição somente surgiu no século XVIII. Os tribunais começaram a exigir, para que uma ação de indenização por difamação pudesse ser admitida, que as palavras empregadas pelo lesante fossem de molde a expor a vítima ao ódio, ao desprezo, ou ao ridículo, ou ainda que estas palavras pudessem ter por conseqüência que a vítima fosse evitada pelos outros cidadãos.

A definição de difamação, assim como os pressupostos da responsabilidade, tem um caráter histórico bem nítido. Tudo isto será examinado a partir do capítulo próximo, à medida em que a análise se imponha.

É preciso, entretanto, colocar em relevo que os obstáculos à admissibilidade da ação de indenização por difamação eram numerosos: a interpretação *mitiore sensu* e a prova do dano material limitaram-lhe substancialmente o alcance.

Uma última particularidade do Direito inglês da responsabilidade civil por difamação, que não pode ser compreendida senão através de sua história, é a que concerne à distinção básica acerca do assunto.

Esta distinção básica pode ser considerada como uma etapa histórica entre o alcance desmedido e a exagerada timidez da responsabilidade civil delitual por difamação.

SEÇÃO III - A DISTINÇÃO ENTRE *LIBEL* E *SLANDER*

Libel e *slander*, no Direito inglês, são sinônimos de difamação. As duas noções correspondem, na realidade, a dois tipos de difamação distintos simultaneamente no significado e nas conseqüências. Digamos, por ora, que *libel* representa uma difamação sob forma permanente, da qual o documento escrito é, ao menos historicamente, a mais importante, ao passo que *slander* é uma ofensa à reputação que assume uma forma passageira, as palavras sendo o exemplo maior e a origem histórica.

Etmológicamente, as duas expressões têm origem latina. *Libel* vem de *libellum*, enquanto que *slander* provém de *scandalum*, o que evoca, aliás, as exigências particulares dessa espécie de responsabilidade.

Do ponto de vista histórico, duas teorias se acotovelam para explicar a origem. A primeira, que podemos chamar de clássica, analisa a distinção enquanto meio de contornar obstáculos procedimentais (§ 1º). Semelhante teoria vem de ser duramente criticada (§ 2º).

§ 1º - A necessidade de contornar os obstáculos do procedimento

A distinção entre os dois tipos de difamação não apareceu senão em 1668, por ocasião do caso King e Lake[26]. O autor enviou uma petição ao Parlamento acusando o réu de chantagem e má conduta. Este mandou imprimir uma outra petição e a distribuiu entre os membros do Parlamento na qual afirmava que a primeira petição estava plena de declarações ilegais, ineptas, imperfeitas, acompanhadas de enorme ignorância, absurdidades e solecismos. O autor ajuizou contra o réu uma ação *upon the case*, reclamando perdas e danos, em virtude de sua profissão de advogado. O problema era o de saber se as últimas acusações não eram excessivamente gerais e vagas para constituírem o objeto de uma ação por difamação, o que parece ter sido a decisão do júri. A Corte do Echiquier modificou a decisão deliberando, através do voto do juiz Hale que "sem embargo

---

[26] O acórdão é relatado por Kiralfy, (1957, p. 154-62).

da generalidade das palavras, se elas não tivessem sido escritas e publicadas elas não ensejariam uma ação de perdas e danos por difamação, mas na espécie as palavras foram escritas e publicadas, o que revela maior 'malícia' (intenção de prejudicar) do que se elas apenas tivessem sido ditas oralmente, razão pela qual a declaração deveria ser considerada como difamatória".

A partir dessa decisão, e de outras do mesmo gênero que lhe seguiram, estabeleceu-se, notadamente no século XVIII, a distinção entre as difamações escritas (*libels*) e as difamações orais (*slanders*).

A explicação mais difundida é a do historiador Holdsworth (op. cit., v.8, p. 361-7), em sua obra *A History of English Law* (v.8, p.361-7), que pode assim ser resumida.

O *libel* tinha sido criado pela corte da *Star Chamber*, da qual nós já falamos acima. Após a desaparição dessa corte, em 1641, as suas atribuições foram transferidas às cortes da *Common law* e o *libel*, que era um delito de competência da *Star Chamber*, tornou-se um delito (*misdmeanour*) de competência das cortes ordinárias. E assim o é até hoje, à diferença do *slander*[27].

Para as cortes da *Common law*, o problema resumia-se em saber se esses delitos poderiam constituir um tipo de responsabilidade civil.

O que é extremamente importante ressaltar é que os juízes ingleses têm naturalmente o hábito de resolver os problemas jurídicos na medida em que eles se apresentam diante deles. No sistema da *case law* não havia muito lugar para as questões de princípio. Ao extremo, nós podemos dizer que eles resolviam seus problemas como podiam.

---

[27] O *misdmeanour*, no Direito inglês, é um delito menos grave que o *felony* e a traição. O *libel*, o *conspiracy*, o *perjury*, alguns *trespasses*, como o *battery*, e mesmo o distúrbio público, são exemplos de *misdmeanour*. Corresponde, no Direito brasileiro, guardadas as proporções, às contravenções. O homicídio, o assassinto, a bigamia e o estupro são exemplos de *felony*. Ver Osborn (1964, p. 135-210).

A responsabilidade civil por difamação no Direito inglês 43

Ora, como já vimos, o direito concernente à difamação, no século XVI, caracterizava-se pela omissão da ação *upon the case* de um lado, e pelo sucesso que as ações de indenização por difamação conheceram após a reforma, de outro. Mas nós também fizemos observar que, com o intuito de limitar o número de ações, as cortes da *Common law* desenvolveram certas técnicas restritivas, tais como a interpretação *mitiore sensu* e a exigência da prova do dano material, além de três hipóteses bem definidas. Tal era, sucintamente, o Direito em vigor no momento em que surgiu a distinção entre *libel* e *slander*.

Se o *libel* era um delito de competência da Corte da *Star Chamber*, permaneceria também um delito diante das cortes da *Common law*, e não havia nenhuma razão para que ele não fosse assim considerado também um tipo de responsabilidade civil. Esta *vérité d'évidence* foi reconhecida pela jurisprudência.

Mas havia ainda um outro problema a resolver. Neste novo tipo de *tort*, a existência de um dano material era condição para que a ação *upon the case* pudesse ser admitida?

O argumento *a fortiori* teve seu lugar, ao que parece, nessa questão, uma vez que, se nas três soluções jurídicas precisas, a saber: a imputação de um delito, a acusação de incompetência ou desonestidade profissional, e a alegação segundo a qual a vítima era portadora de certa doença contagiosa, o *slander*, isto é, a difamação oral, seria admissível, abstração feita à prova de um dano material, com mais forte razão a ação *in case* deveria ser conhecida no momento em que ela tinha por causa uma difamação escrita *(libel)*, esta última sendo considerada ainda um delito. O dano deveria aqui ser presumido ainda uma vez. Era preciso estabelecer uma quarta hipótese de *injuria sine damno* porque o Direito era manifestamente mal adaptado à nova categoria jurídica. Era preciso ainda uma vez distinguir entre os atos tão abomináveis que dariam lugar a uma ação de indenização, independentemente da comprovação de um dano qualquer, e os atos que não poderiam servir de causa a uma ação de perdas e danos, senão quando a conseqüência danosa fosse estabelecida. Os primeiros serão chamados *actionable per se;* os segundos, atos nos quais a prova da *special damage* era requerida.

Segundo a análise de Holdsworth (op. cit., p. 364), três circunstâncias foram determinantes para os juízes: inicialmente o *libel* era considerado um delito; em segundo lugar, o desenvolvimento da ação *upon the case* era um remédio insuficiente para a responsabilidade delitual por difamação; em terceiro lugar, se a prática difundida do duelo deveria ser suprimida, era preciso adotar um remédio mais eficaz.

"Com efeito", conclui o autor (op. cit., p. 367), "os tipos de responsabilidade civil moderna, *libel* e *slander*, representam dois momentos do desenvolvimento do Direito. O *slander* representa a espécie de responsabilidade desenvolvida através da ação *on the case* do século XVI e o início do século XVII. O *libel* representa a espécie de responsabilidade civil criada pelos juízes do fim do século XVII, com o intuito de contornar os inconvenientes jurídicos que foram criados, em grande parte, a fim de desencorajar as ações *on the case*[28].

Esta análise não é corroborada à unanimidade entre os historiadores do Direito inglês.

§ 2 - A crítica histórica da distinção entre libel e slander

Em recente estudo, Kaye (1975, p. 524-539), um professor de Oxford, criticou de modo severo a análise digamos clássica que acabamos de expor.

---

[28] In fact, the modern torts of slander and libel represent two different strata of legal development. Slander represents the tort developed in the sixteenth and early seventeenth century, in and through the action on the case. Libel represents the tort created by the judges of the latter part of the seventeenth century, in order to remedy those defects of the tort developed in the earlier period, wich had been caused largely by the efforts of the judges to discourage the action on the case.

A responsabilidade civil por difamação no Direito inglês 45

Retomando as antigas decisões das cortes reais - a partir do caso King v. Lake - o Sr. Kaye sustenta que não era de modo algum intenção dos juízes ingleses dos séculos XVI e XVII estabelecer uma distinção entre as difamações escritas *(libel)* e orais *(slander)*.

Não havia senão um único *tort* e a utilização de expressões diferentes não era senão uma questão de terminologia.

O fundamento da responsabilidade delitual, quer se tratasse de declarações difamatórias escritas ou orais, era o dano dele resultante para a vítima. A ação era a mesma, isto é, a ação *on the case.*

A famosa frase do juiz Hale, já citado, segundo a qual "inobstante a generalidade das palavras, se elas não tivessem sido escritas e publicadas, elas não dariam lugar a uma ação por difamação, mas, na espécie, as palavras foram escritas e publicadas, o que revela maior malícia (intenção de prejudicar) do que se elas tivessem sido proferidas oralmente..." não quer absolutamente dizer que uma distinção entre o *libel* e o *slander* estivesse a caminho de ser estabelecida.

O que queriam os juízes - no caso King v. Lake e vários outros - não era propriamente fazer uma distinção entre dois tipos de responsabilidade, mas pura e simplesmente distinguir as difamações feitas com *malice,* com intenção de prejudicar, de outras difamações menos graves. A intenção de prejudicar, a maledicência, poderia se encontrar em qualquer declaração escrita ou oral.

Seria até mesmo surpreendente - sempre segundo o Sr. Kaye - fazer dizer a um dos maiores juristas da Inglaterra (Sir Matthew Hale) uma tal distinção totalmente desprovida de fundamento, porque uma simples carta não pode ser mais grave do que um discurso.

Mas o problema está em que a distinção existe. Ela existe no Direito inglês ainda que criticada pela doutrina de um modo quase unânime.

A explicação do Sr. Kaye é que houve uma espécie de desvio no século XVIII e sobretudo na opinião de

Holdsworth, uma vez que seguiu-se à letra os precedentes, e deixou-se impressionar pelo argumento de autoridade de juízes como Hale e Colt, fazendo-lhes dizer aquilo que eles absolutamente não disseram. Era na verdade a tática do esforço menor. Donde sua conclusão (op. cit., p. 539): "A preguiça, e não a política judiciária ou a razão foi que levou a uma distinção entre *libel* e *slander*, em sua última condição"[29]. Seja como for, a distinção entre as formas permanentes e fugazes de difamação está muito bem estabelecida no Direito inglês.

O fundamento mais razoável, à parte a explicação histórica que acabamos de ver, é que se trata em verdade de separar as difamações sérias que merecem atenção da justiça, das simples ofensas ou abusos de linguagem, que não a merecem senão quando um dano qualquer é juridicamente estabelecido.

De qualquer forma, a análise histórica segundo a qual os juízes ingleses, que estavam preocupados apenas em dar a solução mais adequada ao litígio, encontraram na distinção um modo de ultrapassar os limites procedimentais, é, evidentemente, verossímil. É o mínimo que se pode dizer. Ainda mais que ela não encontra um ponto de contato com a constatação que fizemos, segundo a qual o Direito inglês, sempre, nessa matéria, viu-se face a face a um duplo movimento de abundância e de carência das ações de indenização por difamação. Essas ações conheceram um desenvolvimento considerável durante o período posterior à reforma. Esse desenvolvimento foi juridicamente possível graças à criação de um novo *writ*, de uma nova causa de ação, o *case*, que permitiu doravante aos litigantes intentar um remédio especial, para além dos limites estreitos do *trespass*. A interpretação no sentido menos difamatório *(mitior sensu rule)* e a exigência da prova do dano material, fizeram da difamação, uma vez mais, uma espécie de *peau de*

---

[29] Lassitude, not policy or reason, brought the distinction between libel and slander to its finished state.

chagrin. A criação de um novo *tort* através da distinção entre *libel* e *slander,* liberou o primeiro da condição do dano especial, e o transformou num tipo de responsabilidade admissível por ela mesma *(actionable per se),* ao lado de outras categorias restritas de difamações efêmeras. O abandono da técnica restritiva da interpretação *mitiore sensu* completou o processo do novo desenvolvimento.

Nos Direitos romanistas, mesmo o maior defensor dos estudos históricos, Savigny (1855, t.1, XV), se explicou com muita contenção: "A ação combinada de várias faculdades diferentes é indispensável ao sucesso da ciência. Para designar uma dessas faculdades e a direção científica à qual ela responde principalmente, a palavra escola histórica foi por mim empregada, e por outros, sem nenhuma *arrière-pensée.* Chamando a atenção de uma das faces da ciência, nós não queríamos desconhecer ou depreciar nenhuma outra; mas o elemento histórico, tendo sido muito negligenciado, requeria reabilitação e reestabelecimento nos seus direitos".

No direito inglês, a "face histórica" não é simplesmente um elemento útil para a compreensão das regras jurídicas. Ela é indispensável.

Sem ela, no que diz respeito à difamação, não se poderia mesmo explicar as diferentes técnicas jurídicas existentes nos dois lados do canal da Mancha. Mas não era simplesmente a forma ou o fundo do Direito que diferenciavam e diferenciam. E também a concepção moral, ao mesmo tempo a tela de fundo e o fundamento da responsabilidade dita por dano moral, que é profundamente distinta. E isso também pelas razões históricas que acabamos de sublinhar.

Mas como observa uma vez mais o Sr. David (1982, p. 321), "é preciso não exagerar esse caráter 'histórico' do Direito inglês. A verdade é que os ingleses adoram colocar em relevo esse caráter tradicional, enquanto os franceses são antes inclinados a acentuar o caráter racional e lógico do seu Direito."

"É interessante, mas é também lamentável, que uma grande parte do nosso Direito não pode ser explicado senão através de razões históricas e não lógicas" dizia um autor inglês (Kiralfy, 1973, p. 54) referindo-se ao *tort of difamation.*

É tempo, entretanto, de observar os aspectos lógicos e racionais desse Direito.

CAPÍTULO SEGUNDO

Os pressupostos da responsabilidade civil por difamação

No Direito inglês, toda espécie de responsabilidade civil tem suas condições e seus efeitos particularizados, o que torna difícil um trabalho de sistematização[30]. A ausência de um princípio geral e o desenvolvimento histórico independente de cada *tort* não permite o mesmo tipo de exposição lógica, freqüentemente tão ao gosto dos juristas franceses. A responsabilidade civil por difamação[31] não escapa a esta constatação.

Tendo em vista a importância do processo no Direito inglês, nós pesquisaríamos em vão o dano, a culpa e a causalidade entre as condições da responsabilidade.

---

[30] Para um estudo sistemático da responsabilidade civil no Direito inglês ver, notadamente, Williams & Hepple (1976).

[31] As principais obras a consultar são: *Winfield and Jolowicz on Tort*, (1979, p. 274-334); *Salmond and Heuston on the Law of Torts*, (1981, p. 130-79); Street (1959, p. 289-358); *Clerk & Lindsell on Torts*, (1975, p. 945-1063); Fleming (1977, p. 516-89); Fleming, (p. 194-212); Dias & Markesinis *The English Law of Torts, A comparative Introduction*, Etablissements Emile Bruylant, (1976, p. 160-77); *Gatley on Libel and Slander*, (1960), a mais completa monografia sobre o assunto.

Os principais acórdãos e a legislação podem ser consultados em duas obras especialmente concebidas para esse fim: Weir (1979, p. 429-60); Hepple & Matthews, Tort: *Cases and Materials*, Butterworths, (1974, p. 527-75).

A responsabilidade civil por difamação no Direito inglês 51

Esses elementos não podem ser analisados senão no âmbito das condições tais como a distinção entre *libel* e *slander*, a referência ao autor *(plaintiff)* e a *publication*. Para melhor compreender as condições da responsabilidade civil por difamação, seria melhor lançar mão de uma construção digamos neutra, isto é, que não é própria nem do Direito francês nem do Direito inglês.

Assim a definição da difamação (Seção I) permite-nos enunciar os elementos constitutivos de base da responsabilidade; a determinação da vítima (Seção II) e a exigência de uma *publication* (Seção III) mostra-nos ao mesmo tempo os outros elementos do *tort of difamation*, assim como a sua natureza.

Seção I - A definição de difamação

Pelas razões históricas que já estudamos, a difamação, no Direito inglês, compreende uma dicotomia desconhecida dos juristas franceses, assim como seus colegas ingleses ignoram a distinção francesa entre difamação e injúria. No primeiro tempo será necessário tornar precisas as noções de libel e slander (§ 1), e depois retomar a distinção entre um e outro à luz do Direito inglês moderno (§ 2).

§ 1º - Os elementos comuns do libel e do slander

Já observamos que no século XVIII as cortes inglesas tentaram restringir o número de ações por difamação, exigindo, além da prova do dano, que as palavras empregadas fossem efetivamente difamatórias. A expressão *slander*, no sentido de *scandalum*, talvez teve seu papel para que a jurisprudência exigisse uma infâmia, um descrédito, ou até mesmo uma desgraça imputada à vítima. A nova exigência era tanto mais importante que a regra *mitior sensu* havia sido abandonada, e era preciso sempre evitar que qualquer ofensa menor pudesse constituir o objeto de uma ação "on the case" (Baker, op. cit., p. 371).

A fórmula mais difundida desde o século passado era concernente à difamação que deveria expor a vítima ao ódio, ao desprezo ou ao ridículo, ou ainda deveria tender a fazer com que fosse evitada pelos outros (idem, ibidem).

Essa definição, entretanto, foi considerada muito restritiva, muito embora continue, no essencial, a ser empregada pela jurisprudência.

Três acórdãos relativamente recentes devem ser estudados para que se possa compreender a noção de *libel* e *slander*.

O primeiro, Sim v. Stretch (House of Lords, [1936] II All ER 1237) é talvez o mais importante do ponto de vista teórico. O Sr. Sim enviou um telegrama que dizia respeito à empregada que havia trabalhado antigamente na casa do Sr. Stretch, e no qual dizia: "Edith começou a trabalhar conosco hoje. Favor enviar os seus pertences e o dinheiro que o senhor lhe tomou emprestado, assim como seus salários a Old Barton". O Sr. Stretch interpôs uma ação por perdas e danos sob o fundamento de que o telegrama *(libel)* era difamatório, na medida em que deixava supor que ele estava em dificuldades financeiras e que não desfrutaria, conseqüentemente, de nenhum crédito. O júri lhe outorgou 250 libras esterlinas a título de perdas e danos. O réu recorreu para a *Court of Appeal* sem ter tido no entanto nenhum sucesso. Mas a Câmara dos Lordes, em última instância, decidiu que as palavras empregadas não eram de natureza difamatória.

Lorde Atkin, no seu voto *(speech)*, rejeitou a fórmula já citada, considerando-a "muito estreita", e propôs então uma outra: as palavras devem, para serem consideradas difamatórias "ter a tendência a diminuir a vítima na apreciação dos membros bem pensantes da sociedade"[32]. Mas na espécie não houve difamação, na medida em que aquele que teve a oportunidade de conhecer o telegrama, isto é, o funcionário do correio, não estava ao par das circunstâncias que poderiam tornar a declaração difamatória.

---

[32] [...] would the words tend to lower the plaintiff in the estimation of rigth-thinking members os society generally?

Uma outra fórmula análoga é aquela do caso Byrne v. Deane (Court of Appeal [1937] II All ER 204). Em um clube de golfe, havia desde 1932, umas máquinas automáticas chamadas *Diddlers* (inobstante sua proibição), à disposição dos sócios. Alguém informou a polícia, e esta fez retirar as sobreditas máquinas. No dia seguinte, um desconhecido afixou sobre o muro da sociedade um panfleto no qual deixava a entender que o autor (Byrne) havia informado a polícia. Este intentou uma ação por *libel* sob o fundamento de que a sátira tinha um sentido difamatório, uma vez que ela o acusava de ser desleal em relação aos outros membros da sociedade. Condenado em 40 libras esterlinas a título de indenização, o réu recorreu. A *Court of Appeal* decidiu que não era difamatório dizer que alguém havia informado a polícia da existência de um crime. Lord Justice Slesser, invocando antigos precedentes, empregou a fórmula: "Nós devemos considerar [...] o que pensa o bom e honesto cidadão do Reino"[33]. E segundo a Corte, o bom e honesto cidadão do Reino não deveria considerar a acusação de informar a polícia como uma difamação.

Tal parecer ser a *ratio decidendi* do aresto. Assim como no caso Sim v. Strecht, podemos nos perguntar em que sentido a antiga fórmula era "muito estreita" (*too narrow*) se as novas fórmulas a restringiram muito mais.

Se misturarmos as fórmulas antigas e novas, chegamos à definição de Winfield e Jolowicz (1979, p. 274): "a difamação é a publicação de uma declaração prejudicial à reputação de uma pessoa e que tende a diminuí-la na apreciação dos membros bem pensantes da sociedade ou a fazer com que se afastem dela e a evitem[34].

---

[33] [...] a good worthy subject of the King would think.

[34] Defamation is the publication of a statement wich reflects on a person's reputation and tends to lower him in the estimation of right-thinking members os society generally or tends to make them shun or avoid him.

A Comissão Faulks para reforma do Direito da responsabilidade delitual por difamação propôs, a seu turno, uma definição pelo menos mais curta: "a difamação consiste em fazer conhecer a um terceiro um fato que possa, consideradas as circunstâncias, afetar a uma pessoa na sua estima entre os homens razoáveis"[35].

Dois membros da Comissão expressaram-se contra qualquer definição legal, uma vez que nenhuma poderia compreender todas as circunstâncias que podem se encontrar nas situações de fato que servem de objeto às ações por difamação (Pitt, 1976, p. 187).

Sob inúmeros aspectos, a noção inglesa de *libel* e *slander* é diferente da definição de difamação no Direito francês, tal como a expressou o artigo 29, alínea primeira da lei de 29 de julho de 1881: "toda alegação ou imputação de um fato que atente contra a honra ou a consideração de uma pessoa ou do grupo ao qual o fato é imputado é considerado uma difamação".

Inicialmente o Direito inglês ignora a distinção entre difamação e injúria, da mesma forma que o Direito francês desconhece a distinção entre *libel* e *slander*. Além disso, como teremos ocasião de observar de mais perto, o Direito inglês não protege senão a reputação dos cidadãos. Os atentados à dignidade não são sancionados na Inglaterra, desde que não possam causar dano à consideração da pessoa, isto é, a estima ou a apreciação que os outros membros da sociedade podem ter por ela.

Em outro aresto, Youssoupoff v. Metro-Goldwyn-Mayer Pictures Ltd. (Court of Appeal [1934] 50 TLR 581), que também teremos ocasião de analisar, o Lord Justice Scrutton definiu a difamação como a declaração que atinge o crédito de uma pessoa (*a statement to a person's discredit*). Não há difamação no momento em que a declaração não tem o condão de diminuir a vítima

---

[35] Defamation shall consist of the publication to a third party of matter wich in all the circunstances would be likely to affect a person adversely in the estimation of reasonable people generally.

A responsabilidade civil por difamação no Direito inglês 55

aos olhos dos outros. E, evidentemente, a opinião que os outros têm ou possam ter da vítima não é totalmente desprovida de conseqüências no Direito inglês, o que parece não ser o caso no Direito francês.

A noção de "membros bem pensantes da sociedade" e de "bom e honesto cidadão do Reino" se aproxima àquela de "homem razoável" *(reasonable man)* do *tort of negligence*, através da qual aprecia-se a existência da culpa, neste caso especial de responsabilidade civil.

Entretanto, no que diz respeito à responsabilidade civil por difamação, a noção não tem nenhuma pertinência em relação à culpa do lesante. Ela se refere exclusivamente às conseqüências que podem ter as declarações do lesante em relação a terceiros, com a finalidade de apreciar se há, no caso concreto, descrédito para a vítima.

A "cláusula geral", para utilizarmos uma célebre fórmula doutrinária alemã (General Klausen), tem, portanto, uma função bem distinta. Trata-se, com efeito, de saber se a declaração dita difamatória efetivamente atentou, atingiu a consideração que tem o autor diante dos demais membros da sociedade. Nesse sentido, Lord Atkin avançou uma espécie de teste, de uma prova que consiste em perguntar se a consideração que a vítima desfruta diante dos membros bem pensantes da sociedade foi efetivamente atingida. A noção serve, logo, para apreciar o dano, e não a culpa.

Pela sua generalidade, muito embora a função, uma vez mais, seja de outra natureza, a "cláusula geral" inglesa pode assim ser aproximada da noção francesa de "bom pai de família".

O que pensam os "bons e honestos súditos do Reino" pode, a toda evidência, variar de um momento a outro e de um lugar para outro. Chamar alguém de papista, evidentemente uma difamação à época dos Tudors, não o é mais hoje (Hepple & Matthews, 1974, p. 534). Insinuar que alguém é comunista, que recentemente foi considerado difamatório na Inglatterra (ibidem)

56 *Sérgio José Porto*

por Lord Denning, não pode senão surpreender os membros bem pensantes da sociedade francesa, onde os comunistas têm uma participação política e social muito importante, até mesmo no governo.

É evidente que essas cláusulas gerais somente podem ser compreendidas após o exame do modo pelo qual foram utilizadas pela jurisprudência[36].

Um último aresto pode ensinar-nos ainda mais sobre a utilização da fórmula já citada. Trata-se da espécie Lewis v. Daily Telegraph Ltd (House of Lords [1964] AC 234; [1963] All ER 151; [1963] II WLR 1063). O jornal *The Daily Mail* publicou, em 1958, uma reportagem intitulada "A Brigada das Fraudes investiga uma empresa" *(Fraud squad probe firm)*, e um outro cotidiano, *The Daily Telegraph* publicou um outro com a manchete "Um inquérito policial sobre uma empresa" *(Inquiry on Firm by City Police)*. As reportagens, publicadas na primeira página de atualidades nos dois cotidianos, identificava a empresa e seu diretor-presidente, os dois autores da ação por difamação. Sustentaram que o sentido dos artigos era difamatório, uma vez que eles avançavam sua culpabilidade ou a suspeita da polícia de serem culpados de fraude e de desonestidade. Os réus, isto é, os jornais, defenderam-se alegando que as reportagens apenas aludiam a que o inquérito policial estava em curso, o que eles estavam habilitados a provar. Os mesmos argumentos foram utilizados nas duas ações por difamação intentadas cada uma contra um dos aludidos

---

[36] Parece que a utilização dessas cláusulas gerais é muito mais importante na família romano-germânica que naquela da *Common law*. Gutteridge (1953, p. 127-8) as chamou *continental equity*, no sentido de que elas permitem aos juízes "atenuar o rigor que poderia resultar de uma interpretação muito estrita, isto é, literal da lei". Parece, entretanto, que essas cláusulas gerais são de longe muito mais raras no Direito francês que nos outros Direitos romanistas. Pode-se, ao que consta, observar aqui o gosto da clareza e da precisão e do desprezo por tudo aquilo que possa ser considerado como impreciso, sentimentos bastante enraizados na França.

cotidianos. Os júris sempre, nas duas ações, condenaram o *Daily Telegraph* a pagar 25.000 libras esterlinas ao diretor-presidente e 75.000 libras esterlinas à empresa a título de indenização; o *Daily Mail* foi condenado a pagar 17.000 libras esterlinas ao diretor-presidente e 100.000 à empresa. O montante das indenizações indicava que os júris haviam interpretado os artigos como acusando os autores de serem culpados e não simplesmente de serem suspeitos de fraude ou improbidade.

A *Court of Appeal* deu provimento ao recurso dos réus e determinou novo julgamento. A Câmara dos Lordes confirmou por maioria dos seus membros essa decisão, alegando que o juiz deveria ter orientado o júri para a questão de saber se as declarações que se pretendiam difamatórias eram ou não de natureza a imputar a culpabilidade por fraude ou improbidade aos autores ou simplesmente de torná-los suspeitos.

Após ter insistido sobre a distinção entre uma acusação de culpabilidade e uma informação sobre um inquérito em curso, o que implica que pode haver, de parte da polícia, suspeita de culpabilidade, Lord Devlin invocou o precedente Youssoupoff v. Metro-Goldwyn-Mayer Pictures, que veremos a seguir. Nesse último caso, uma mulher foi difamada por intermédio de um filme no qual mostrava-se que ela tinha sido estuprada. Ora, o estupro, segundo Lord Devlin, pode comprometer seriamente a reputação de uma mulher muito embora do ponto de vista lógico não se possa dizer que a mulher tenha sido inocente e que não possa conseqüentemente ser acusada de impudicícia. Mas o teste não é lógico *(logic is not the test)*. Uma declaração através da qual sabe-se que o inquérito está em curso pode dar a impressão que haja razões para que a culpabilidade seja fundada. Entretanto, se o homem médio é capaz de pensar que no momento em que o inquérito está em curso há culpabilidade, então seria impossível informar o público sobre qualquer assunto que fosse.

A *ratio decidendi*[37], a toda evidência, está em proteger o direito à informação através da liberdade de imprensa, que se sobrepõe em inúmeros casos à proteção da reputação.

É assim que o aresto relatado excepcionou a regra do Direito inglês segundo a qual é da competência do juiz determinar se o conteúdo da declaração pode ser, em Direito, difamatório, enquanto que atribui-se ao júri a competência de dizer se, nas circunstâncias do caso, a declaração deve ser interpretada como difamatória em conformidade com o sentido que ela pode ter para o "bom e honesto súdito do Reino"

Essa distinção entre questão de fato e questão de direito - o aresto constitui uma prova - é ainda mais arbitrária do que no Direito francês, no que concerne à competência dos juízes do "fundo" (*juges du fond*) e da Corte de cassação. Ainda mais que, no Direito inglês da responsabilidade civil por difamação, as questões de fato são decididas, teoricamente, por jurados sem nenhuma formação jurídica.

É, pois, permitido constatar que, tratando-se da liberdade de informação, o que pensam os "membros bem pensantes da sociedade" pode, caso necessário, não ser tomado em consideração.

É interessante observar, enfim, que em matéria de difamação pela imprensa, a jurisprudência inglesa utiliza-se, de alguma forma, da antiga regra da interpretação *mitiore sensu*, para afastar assim a apreciação do júri, presumindo este representar a opinião da sociedade.

---

[37] Sobre as noções de *ratio decidendi* e de *obiter dictum*, assim como sobre a aplicação da regra do precedente no Direito inglês, ver o interessante artigo de Tamello (1971, p. 123-30). Em suma, e de acordo com esse autor, "para descobrir-se a *ratio decidendi* de um caso, o juiz deverá considerar não as expressões normativas que se encontram no relatório do caso, mas soment aquelas que são indispensáveis à elaboração da decisão do caso examinado. Todo o resto constitui o *obiter dictum*, suscetível de trazer uma contribuição à ciência jurídica em geral, mas não tendo pertinência no sentido de fundamentar a decisão do caso".

O aresto citado por Lord Devlin a título de comparação, para tornar mais precisa a noção de *libel* e *slander*, sobre um filme que mostra o estupro de uma mulher, nos leva, ainda uma vez, à distinção entre estas duas categorias de difamação do Direito inglês.

§ 2 - *A distinção entre* libel *e* slander

Na história do Direito inglês, a distinção entre as duas categorias fundamentais *libel* e *slander*, tinha por critério a forma da difamação quer seja ela escrita ou oral, a primeira sendo considerada mais intencional que a segunda.

Com efeito, aquele que escreve tem geralmente o tempo de pesar as palavras, de refletir mais atentamento do que aquele que fala e se deixa levar pelos sentimentos, sem ter, portanto, as mesmas condições que o primeiro de medir as conseqüências.

Tais parecem ser as razões pelas quais a distinção sempre foi tão importante no Direito inglês, com as sérias conseqüências que dela decorrem.

É possível avançarmos ainda o outro fundamente que se encontra não mais do lado da culpa do lesante, mas do lado da vítima. É certo que uma difamação escrita causa mais dano do que uma ofensa oral à reputação, ainda mais que o impresso, à época, permitia, da mesma forma que em nossos dias, novos modos de reprodução de documentos ensejando uma divulgação muito mais ampla.

Na origem da distinção pode se encontrar a difícil separação entre as difamações e as simples ofensas verbais menores, estas não merecendo a atenção dos tribunais, na conformidade da noção muito antiga *de minimis non curat praetor*.

Se quisermos ter uma explicação lógica para a distinção histórica, é num ou noutro desses sentidos que é preciso pesquisar o verdadeiro fundamento.

A dicotomia somente surgiu, historicamente, em virtude da descoberta da impressão.

Mais recentemente, o surgimento de novos meios de comunicação levou a jurisprudência e a legislação inglesas a ultrapassar a distinção, considerada doravante insuficiente, entre as difamações escritas e orais. Fala-se então de difamações em forma permanente para designar o *libel* e de difamações em forma efêmera para caracterizar o *slander*.

É preciso examinar as novas formas de *libel* e também, mais de perto, as conseqüências da distinção.

A. *As novas formas de* libel. No caso Monson v. Tussauds, Ltd.[43] (Court of Appeal [1891-4] All ER 1051), o Sr. Monson foi julgado na Escócia por homicídio de um certo cidadão chamado Hambrough. Ele foi absolvido pelo júri por falta de provas, sendo que sua defesa foi no sentido de que a arma por ele utilizada tinha sido disparada acidentalmente. Após o julgamento, os proprietários de um museu de cera muito conhecido de Londres e situado na Baker Street - cujo nome é aquele de um engenheiro de Mâcon que desposou uma inglesa, e que se tornou assim Madame Tussaud - fez representar, sob seu próprio nome, o Senhor Monson em cera, empunhando uma arma semelhante àquela que tinha sido empregada para matar Hambrough.

O autor intentou uma ação tendo por finalidade a interdição, por *injunction*, da difamação em forma de uma estátua de cera.

Vamos voltar a examinar esse caso no momento em que tratarmos dos efeitos da difamação. O que nos interessa agora é a questão de saber se na espécie houve um *libel* ou um *slander*.

O Lord Justice Lopes tentou caracterizar a distinção da forma seguinte: "Os *libels* revestem-se geralmente de forma escrita ou impressa, mas isto não é necessário; a difamação pode também se apresentar de uma outra forma permanente qualquer. Por exemplo uma estátua,

A responsabilidade civil por difamação no Direito inglês 61

uma caricatura, uma efígie, uma pintura sobre o muro, sinais, todos podem constituir um *libel*"[38].

Essa consideração do juízo da *Court of Appeal* nos dá o essencial no que concerne à utilização moderna da antiga distinção. Tudo aquilo que se reveste de uma forma permanente diz respeito ao *libel;* tudo aquilo que é passageiro caracteriza o *slander.*

No aresto Youssoupoff v. Metro-Goldwyn-Mayer Pictures Ltd. (Court of Appeal [1934] 50 TLR 581), já mencionado, a vítima intentou uma ação de perdas e danos sob o fundamento de que um filme sonoro, *Rasputin, The Mad Monk* contava a história de uma certa princesa Natasha, no caso a vítima ela mesma, estuprada pelo célebre Rasputin. O júri reconheceu, a título de perdas e danos, 25.000 libras esterlinas, sendo que o recurso do réu foi rejeitado pela *Court of Appeal*. A questão, bem entendido, era de saber se a forma da difamação era permanente ou efêmera.

O Lord Justice Slesser motivou sua decisão ponderando que a ação havia sido intentada por *libel*, uma vez que a parte fotográfica da exibição é uma forma permanente vista pelos olhos, o que é próprio do *libel*, desde que se trate de uma difamação. As palavras que são sincronizadas com as reproduções fotográficas constituem, umas e outras, todo o complexo.

A distribuição cinematográfica constitui portanto, indubitavelmente, uma forma permanente *(libel)* de difamação e a fórmula empregada "vista pelos olhos" ou "dirigida aos olhos" reforça o caráter em relação às formas passageiras de difamação *(slander)*, que somente são "dirigidas à orelha".

---

[38] Libels are generally in writing or printing, but this is not necessary; the defamatory matter may be conveyed in some other permanent form. For instance a statue, a caricature, an effigy, chalk marks on a wall, signs or pictures may constitute a libel.

Outras formas de difamação podem ainda se prestar à discussão, tais como o ditado de uma nota à secretária[39].

Na falta de aresto de princípio sobre cada uma das formas possíveis que podem revestir uma declaração difamatória, o legislador interveio de forma pontual com a finalidade de tornar mais precisa se tal ou qual forma era permanente. Assim é que a lei sobre a difamação de 1952 (Defamation Act) dispôs no seu artigo primeiro que a radiodifusão deve ser considerada como sendo uma publicação permanente.

O mesmo ocorre com relação às declarações difamatórias proferidas durante a representação de uma peça teatral. A lei sobre o teatro de 1968 (Theaters Act) teve até mesmo o cuidado de dizer que a expressão *palavras* compreende as imagens visuais, as gravuras e até mesmo os gestos e outras formas de expressão.

Essas considerações ilustram a amplitude do caráter arbitrário da distinção, muitas vezes acentuado. A doutrina é unânime nesse particular.

A Comissão Folks para a reforma do Direito da responsabilidade civil por difamação chegou até mesmo a recomendar sua abolição[40]. Mas é difícil que essa recomendação da *Law Comittee* possa ser definitivamente incorporada ao Direito inglês, tendo em vista o respeito dos juristas ingleses à história, até mesmo por noções "teoricamente imprecisas e praticamente incômodas", como a doutrina repete incessantemente.

Não é, aliás, a primeira vez que se propôs o abandono da distinção. Uma Comissão da Câmara dos Lordes a recomendou, em 1843. A Comissão Porter, em 1948, não retomou a proposição, sob o fundamento de que a desaparição da distinção entre *libel* e *slander* teria o risco de encorajar as ações fundamentadas sobre as

---

[39] Conforme Hepple (B.L.) e Mathews (M.H.), op. cit., p. 548, nota 1. Trata-se provavelmente de um slander.
[40] Cmnd. 5909 Março 1975. Ver também Pitt (1976, p. 187-95).

difama-ções orais (Hepple & Matthews (op. cit., p. 531 e 332). A julgar pela análise de Kerr (1981, p. 515-33) sobre a reforma do Direito em geral através das comissões institucionais na Inglaterra em 1965 *(Law Commissions Act)*, os membros do parlamento inglês têm habitualmente maior interesse nos projetos de lei que podem ocasionar uma repercussão social maior do que pela reforma do Direito no sentido estrito da expressão.

A outra via da reforma no Direito inglês, sempre preconizada pelo Lord Denning, isto é, a jurisprudência, à condição que os juízes possam se liberar das "algemas do precedente", parece também não estar em condições de rejeitar a infeliz distinção, na medida em que ela está tão ancorada no sistema jurídico e que seus efeitos não são de nenhuma forma negligenciáveis.

B. *Os efeitos da distinção*. Já fizemos observar que o *libel* não exige a prova do dano entre as suas condições, enquanto esta prova é indispensável, salvas raras exceções, no momento em que se trata de uma difamação efêmera *(slander)*.

Isto significa, na terminologia jurídica inglesa, que o *libel* é *actionable per se*, isto é, abstração feita à existência do dano que é presumido, enquanto o *slander*, em princípio, não é *actionable per se*; ele supõe a existência e conseqüentemente a prova da *special damage*, isto é, do dano especial ao lado do dano geral *(general damage)*, sempre provável em matéria de difamação.

As hipóteses já mencionadas (Kerr, op. cit., p. 22) onde excepcionalmente o *slander* é *actionable per se*, a saber a imputação de um delito, de uma doença contagiosa ou particularmente grave, e a alegação de uma incapacidade ou desonestidade profissionais - que foram largamente desenvolvidas pelas cortes da *Common law*, a uma época bastante antiga - é preciso acrescentar uma outra categoria de difamação efêmera, suscetível ela também de justificar uma ação judicial sem que seja necessária a prova do dano especial.

A acusação de impudicícia em relação a uma mulher não era considerada difamatória diante das cortes reais, senão quando um dano especial pudesse ser estabelecido. A razão era simples, e nós dela já nos ocupamos: a conduta imoral suscitava, outrora, a competência das cortes eclesiásticas. E as difamações - exceção feita ao *libel*, cuja noção teve provavelmente por finalidade contornar a regra e outras hipóteses acima lembradas - não ensejavam uma ação judicial senão em face da prova de um dano particular.

Essa regra, aplicada à reputação de uma mulher, é considerada como "bárbara" (Fleming, 1977, p. 525). Foi objeto de modificação na Inglaterra, através de uma lei - *The Slander of Women Act* - de 1891, cujo artigo primeiro dispõe: "Para que as palavras publicadas atribuindo impudicícia ou adultério a uma mulher ou a uma senhorita sejam suscetíveis de uma ação judicial, a prova do dano especial não é exigível"[41].

Na conformidade do texto e do modo particular pelo qual as leis são interpretadas na Inglaterra[42], a derrogação protege apenas as mulheres. Uma acusação do mesmo gênero em relação a um homem torna-se insuscetível de uma ação judicial, salvo se a prova do dano particular for estabelecida. Pode-se esperar, bem entendido, uma modificação futura dessa disposição legislativa, em razão do novo princípio da igualdade.

Enfim, a imputação de incompetência ou de desonestidade profissionais - de longe a mais difundida das exceções à regra segundo a qual o *slander* não é *actionable per se* - vem de ser estendida, por igual, através da via legislativa. Com efeito, a lei sobre a difamação de 1952 (Defamation Act), no seu artigo segundo, dispõe que numa ação de perdas e danos por difamação tendo por

---

[41] Words spoken and published [...] wich impute unchastity or adultery to any woman or girl shall not require special damage to render them actionable.

[42] Sobre a interpretação das leis no Direito inglês, ver Cross, 1976.

causa o denegrimento de uma pessoa na sua profissão ou *métier*, a prova do dano especial não é necessária, até mesmo quando a difamação somente disser respeito diretamente ao *métier* ou à profissão da vítima.

Essa disposição não pode, à evidência, ser compreendida senão quando consideramos a jurisprudência que ela visa modificar.

Para dar apenas um exemplo, a demanda por difamação de um professor não foi admitida, em razão da ausência de uma prova especial, diante de uma acusação de adultério com uma das empregadas da escola (Jones v. Jones. [1916] 2 AC 481). De acordo com a jurisprudência, o *slander* não era *actionable per se* senão à condição que a difamação esteja diretamente em relação com a profissão ou *métier* da vítima (*in the way of his office*).

Admitiu-se doravante que qualquer difamação efêmera enseja uma ação de perdas e danos por difamação, sem que haja necessidade de provar o dano especial, observada a única condição que ela seja de natureza a acarretar uma lesão à vítima no exercício de sua profissão ou de seu *métier* (Winffield and Jolowicz, op. cit., p. 282).

O aresto *Gray* v. *Jones* (RBD [1939] 1 All ER 798) é uma boa ilustração de uma das quatro situações jurídicas nas quais as difamações efêmeras (slanders) podem excepcionalmente constituir uma ação por difamação, independentemente da prova do dano especial: a imputação de um delito penal. O réu disse ao autor: "Você é uma pessoa condenada. Eu não posso vê-lo aqui. Você foi considerado culpado".

A Divisão do Banco do Rei (King's Bench) da *Court of Appeal* decidiu que as palavras empregadas pelo lesante eram consideradas difamatórias, e que não havia necessidade de provar o dano especial.

O fundamento jurídico pelo qual a imputação de um delito é um caso especial de *slander actionable per se* consiste na circunstância de que semelhante acusação é, à evidência, de natureza a prejudicar a vítima, uma vez que ela a expõe à ação da justiça. Na espécie, a questão era portanto de saber se uma imputação de um delito penal, já julgado definitivamente, poderia ter o mesmo caráter.

A motivação da decisão (*causa decidendi*) ressalta do voto do *Justice* Atkinson: a imputação de um delito sancionado pelo direito de modo tão severo quanto a pena de reclusão é tão grave em suas conseqüências em relação à vítima, no sentido de que ela tenha sido atingida em sua reputação e afastada, em conseqüência, da vida em sociedade são tão prováveis que, no caso, o dano deve ser presumido.

No caso das difamações permanentes (*libels*) assim como das quatro situações jurídicas que se subsumem na categoria de *slander actionable per se*, o dano não é uma condição de responsabilidade delitual por difamação no Direito inglês. O mesmo pode-se dizer da culpa? Trata-se de uma condição da responsabilidade?

SEÇÃO II - A DETERMINAÇÃO DA VÍTIMA

No Direito continental, geralmente o estudo da natureza de qualquer situação jurídica que pode ensejar a obrigação de reparar o dano responde à questão de saber se a culpa é ou não uma condição da responsabilidade. Se a resposta é afirmativa, dir-se-á que a responsabilidade é subjetiva. Ao contrário, se a culpa não é um elemento a considerar para que haja responsabilidade delitual, dir-se-á que a responsabilidade é objetiva.

Nada disso ocorre no Direito inglês da responsabilidade civil por difamação.

Inicialmente, muito embora a culpa possa ser considerada como um elemento necessário ou não da responsabilidade delitual, ensejando, de modo análogo, as noções de responsabilidade com ou sem culpa (*strict liability)* ela não é estudada à parte, enquanto pressuposto. Será necessário procurá-la alhures.

Enfim, a análise antes pragmática dos juristas ingleses não se concilia muito com longas discussões entre defensores e detratores da teoria da culpa, do risco ou da garantia[43]. Em geral, uma breve referência à "teoria da dissuasão" (*theory of deterrence*) e à "teoria da pacificação"(theory of appeasement) é considerada suficiente[44].

Em princípio, a culpa é uma condição da responsabilidade delitual no Direito inglês[45]. Entre várias exceções, a responsabilidade por difamação se apresenta como uma hipótese de responsabilidade estrita (*strict liability*), o que não quer dizer que a culpa seja aí totalmente desprovida de importância.

A prova está - além de algumas particularidades que concernem às causas de exoneração de responsabilidade que nós veremos oportunamente - numa condição singular do *tort of defamation*, a referência à vítima (§ 1º) e numa situação que também é bastante específica, a insinuação (§ 2º).

§ 1º - A referência à vítima

Para que haja difamação é preciso que a declaração acarretando dano à reputação seja dirigida à vítima. Pelo menos é necessário que os "membros bem pensan-

---

[43] Para o estudo de um fundamento da responsabilidade civil delitural no Direito francês, ver, entre outros Starc (1972, p. 20-44).

[44] A teoria da dissuasão (*deterrence*) fundamenta a responsabilidade civil na prevenção de atos ilícitos. A teoria da pacificação (*appeasement*), como seu nome também indica, prefere explicar a responsabilidade através da idéia de evitar a justiça privada, o duelo e a vingança pessoal em primeiro lugar. Ver Williams & Hepple (op. cit., p. 70-1).

[45] The law of tort generally operates only in the case of harm caused by fault, wich means, wrongful intention or negligence: because, according to the traditional view, it is only in this case that justice requires reparation to be made. (Williams & Hepple, op. cit., p. 84).

tes da sociedade" possam se dar conta de que a declaração se refere à vítima, esta sendo de alguma forma o alvo. Nada de mais natural.

Dito isso, ocorre com freqüência, especialmente através da imprensa, que uma declaração qualquer possa ter uma referência à vítima sem que seu lesante tenha tido a menor intenção de atingi-la em sua reputação.

É possível até mesmo que uma declaração possa se referir a uma pessoa, muito embora a intenção do autor tenha sido a de atingir outrem.

O problema que se põe é, portanto, o de saber se, além da referência à vítima, de acordo com o sentimento dos membros bem pensantes da sociedade, a intenção do autor ou mesmo sua imprudência, isto é, sua culpa, está em linha de conta para caraterizar a difamação.

Dito de outra forma, a culpa, enquanto condição da responsabilidade, não pode ser analisada senão através do recurso à noção de referência à vítima (*reference to plaintiff*), assim como o dano somente pode ser estudado por intermédio da noção do *libel* e *slander*.

No caso *E. Hulton & Co. v. Jones* (House or Lords [1908-10] All ER 29), o jornal *Sunday Chronicle* publicou um artigo versando sobre uma exposição industrial em Dieppe, no qual, em suma, podia-se ler: "Eis aqui Ártemus Jones com uma mulher que não é a sua e que pode ser, você sabe, a outra ... Com efeito, é surpreendente ver como vários de nossos compatriotas se comportam no momento em que estão no estrangeiro... Ninguém poderia crer que Jones, que se conduz com tanta retidão em Londres, nas suas funções de coroinha, na atmosfera de Dieppe, no lado francês do Canal da Mancha, torna-se a vida e a alma de um bando de notívagos que freqüentam o cassino e que se ligam às mulheres com uma alegria surpreendente."

O autor, Thomas Artemus Jones, um prestigioso advogado, interpôs uma ação por difamação contra o proprietário do jornal. Diante do juri, as testemunhas declararam que, lendo o artigo, eles haviam pensado

A responsabilidade civil por difamação no Direito inglês 69

que a sátira era dirigida contra o autor. Ainda que este tenha sido colaborador do jornal durante doze anos, o articulista sequer o conhecia.

O juri reconheceu ao autor, a título de perdas e danos, o montante de 1.750 libras esterlinas. O réu recorreu da decisão, sucessivamente diante da *Court of Appeal* e da *House of Lords*, sem que tenha obtido uma decisão mais favorável.

Na Câmara dos Lordes, Lorde Shaw não pôde ser mais claro. Somente se pode falar em responsabilidade delitual no momento em que as palavras são interpretadas no sentido difamatório pelos leitores. O que conta é o sentido das palavras, e não o sentido que o autor quis lhes dar. A intenção deste não é levada em consideração.

Em aresto recente, Morgan v. Odhams Press Ltd. (House of Lords, [1971] All ER 1156), a Câmara dos Lordes teve de se pronunciar ainda uma vez sobre um caso semelhante do ponto de vista jurídico. O cotidiano *Sun News Paper* publicou uma reportagem a qual dizia que uma senhorita possivelmente uma testemunha importante num caso criminal, havia sido raptada por um bando de malfeitores, no momento em que estes tiveram conhecimento de que ela iria testemunhar. Sempre de acordo com a reportagem, ela tinha sido encontrada em uma casa em Finchley, e não fora autorizada a dela sair, senão raramente. O artigo mencionava apenas o nome da Senhorita Murray. Ocorre que uma senhorita do mesmo nome tinha se hospedado na casa do autor uma semana antes do surgimento do número do jornal nos quiosques. Diante do júri, seis testemunhas declararam que, lendo aquele artigo, eles imediatamente pensaram que o autor estava em causa.

O júri concedeu 4.750 libras esterlinas a título de perdas e danos ao autor. A *Court of Appeal* deu provimento ao recurso do réu, mas a Câmara dos Lordes, em última instância, modificou essa decisão, sentenciando, através do voto do Lorde Reid, que a intenção do lesante não tinha nenhuma importância na matéria. Que o autor conheça ou não a vítima, isto não tem a menor importância. O que deve ser considerado é somente o dano sofrido pela vítima.

Lembremos ainda que o dano, nos casos de difamação com caráter permanente *(libel)*, se caracteriza simplesmente pelo efeito que a declaração difamatória pode ter sobre os membros bem pensantes da sociedade. Dito de outra forma, o dano geral *(general damage)*, que decorre provavelmente de uma difamação, uma vez que esta foi de natureza a atingir a consideração da vítima por parte dos demais membros da sociedade, é mais do que suficiente. Não há necessidade de demonstrar o dano especial *(special damage)*, isto é, uma perda qualquer da vítima em conseqüência da ofensa à sua reputação.

Em uma espécie muito clara de homonímia referente à vítima (Newstead London Express Newspaper Ltd., Court of Appeal, [1939] IV All ER 319), a jurisprudência pronunciou-se sobre a questão de base. Nesses casos, dizia Sir Wilfred Greene, então presidente da *Court of Appeal (Master of the Rolls)*, o risco da coincidência deve ser suportado não pela vítima que sofreu o dano, mas por aquele que tornou pública a declaração julgada difamatória em relação a qualquer outro que não a pessoa visada. O direito está bem estabelecido nesse sentido, e somente poderia ser modificado por via legislativa.

Com efeito, o direito era excessivamente rigoroso para com jornalistas e escritores. Foi preciso portanto atenuá-lo, o que foi feito através da lei da difamação *(Defamation Act)* de 1952. O artigo quarto dessa lei diz respeito ao procedimento do oferecimento de uma correção *(offer of amends)* acompanhado de desculpas *(apology)* do lesante. Este procedimento, entretanto, somente é aplicável se a difamação foi involuntária *(unintentional publication)*, o que demonstra que a culpa, muito embora não seja considerada expressamente condição da responsabilidade, pode, em alguns casos, ser levada em consideração no campo das conseqüências da difama-

A responsabilidade civil por difamação no Direito inglês 71

ção. Voltaremos a falar dessa modificação recente no Direito inglês em momento mais oportuno[46].

O que se deve atentar é que a referência à vítima depende somente da prova de que os outros puderam razoavelmente pensar que a declaração difamatória era dirigida contra ela. Em outras palavras, pouco importa a intenção do lesante, muito embora a ausência total de culpa possa lhe servir para atenuar a responsabilidade ou até mesmo para excluí-la.

§ 2º - A insinuação

A difamação através da insinuação está prevista no Direito francês pelo artigo 29 da Lei de 29 de julho de 1881.

Mas tudo indica que no Direito inglês da responsabilidade civil a jurisprudência foi ainda mais longe.

No caso Tolley v. Fry & Sons, Ltd. (House of Lords [1931] All ER 131), um jogador amador de golfe, bastante conhecido, foi representado, em matéria publicada pelos diários *Day Sketch* e *Daily Mail*, vestido com um casaco esporte no momento em que jogava golfe. Em seu bolso, aparecia uma caixa de chocolate contendo a marca de fábrica dos réus.

A ação em difamação intentada pela vítima teve por fundamento a circunstância de que era jogador amador de golfe e não profissional e que a representação deixava supor que havia feito publicidade por dinheiro, e conseqüentemente havia se prostituído enquanto amador. Sua reputação teria assim sido atingida.

O júri decidiu pelo pagamento de 1.000 libras esterlinas em favor do autor. Em grau de apelação, a *Court of Appeal* pronunciou-se contra o caráter difamatório da publicação e considerou excessiva, de qualquer forma, a indenização.

Em última instância, a Câmara dos Lordes decidiu que constitui atribuição do júri a questão de saber se a

---

[46] Ver infra, seção 4.2.2.

insinuação foi, na espécie, difamatória. Outro julgamento se impunha, entretanto, posto que o montante da indenização também foi considerado desmesurado.

Uma espécie desse gênero seria considerada, no Direito francês, como pertencente ao domínio da proteção da vida privada, sancionada pelo artigo 9º do Código Civil.

O Direito inglês é sob vários aspectos comparável ao Direito francês antes da reforma de 1970. Com efeito, "às vésperas da adoção da Lei de 18 de julho de 1970 (que modificou o artigo 9º do Código Civil), foi lembrado que o artigo 1.382 do Código Civil era o único fundamento com o qual a jurisprudência edificou o direito de cada um a obter reparação das lesões, dos atentados à sua vida privada" (Capitant; Weill & Terre, 1976, p. 48). Mas, à diferença do Direito inglês, inexiste um princípio geral para a responsabilidade civil. Donde a diferença capital[47]. A proteção da vida privada somente é sancionada, na Inglaterra, no momento em que o atentado à vida privada constitui também uma ofensa à reputação. Dito de outra forma, a vida privada é protegida por intermédio do *Tort of Defametion*. A difamação por via de insinuação parece, aos olhos dos juristas ingleses, suficiente para dar satisfação aos interesses dos cidadãos de evitar as ingerências indevidas em suas vidas privadas.

Desse ponto de vista, o Direito inglês se afasta também do Direito americano, em que a proteção da vida privada foi amplamente consagrada[48].

A Comissão para reforma do direito concernente à proteção da vida privada (*Committee on Privacy*) estudou

---

[47] Sobre o direito à proteção da vida privada na França, consulte-se, designadamente, Nerson (1971, p. 737); Pradel (1971, p. 14); Badinter (1971, 1. 2435); Geoffroy (1974, 1. 2604); e Dumas (1981, p. 540-86).

[48] Para um estudo comparativo do direito à proteção da vida privada, ver Zweigert & Kötz (op. cit., v.2, p. 340-59). Ver também Kayser (1984, v.7).

seriamente a questão e concluiu que na Inglaterra a vida privada é suficientemente protegida através da responsabilidade civil por difamação, e também por intermédio de outras instituições, tais como o *Tort of Trespass* e o *Tort of Nuisance*. Nos Estados Unidos, sempre segundo a referida comissão, a proteção da vida privada torna-se necessária, uma vez que a responsabilidade por difamação não é tão rígida quanto na Inglaterra. E a solução alemã de incluir a proteção da reputação e a da vida privada na categoria de "direitos da personalidade" (Persönlichkeitsrecht) poderia ser considerada como uma ameaça à liberdade de expressão (*freedom of speech*)[49].

É pois de sublinhar que a responsabilidade civil por difamação na Inglaterra tem um alcance bem mais amplo que alhures, sendo que a razão disso está na ausência de uma proteção da vida privada. Mas esta razão jurídica deve ser antes considerada como conseqüência de um fator político, pelo menos se compararmos o Direito inglês com o Direito americano exclusivamente. Nos Estados Unidos, como teremos ocasião de ver (seção 3.2.3), a pressão da imprensa teve êxito em reduzir consideravelmente a responsabilidade civil por difamação. Esta, à diferença do Direito inglês, não poderia estender-se à proteção da vida privada.

Em outro *arrêt de principe* (aresto de princípio), Cassidy v. Daily Mirror Newspaper, Ltd. (Court of Appeal [1929] All ER 117), a jurisprudência teve a ocasião de se pronunciar sobre uma situação referente à difamação por via de insinuação (*innuendo*). A Sra. Mildred Anna Cassidy era casada com o Sr. Kettering Edward Cassidy, conhecido também sob o nome de Michael Dennis Corrigan, um proprietário de cavalos de corrida, afamado por ter participado na Revolução Mexicana. Os dois cônjuges não residiam no mesmo local, mas se encontravam freqüentemente na casa da Sra. Cassidy. O cotidiano

---

[49] Ver Report of the Committee on Privacy (Cmnd 5012 [1972]).

Daily Mirror publicou uma fotografia de um Sr. K. E. Cassidy ao lado de uma mulher desconhecida, chamada simplesmente "Miss X". Abaixo da fotografia, lia-se: "O Sr. Corrigan, o proprietário de cavalos de corrida e "Miss X", cujo noivado foi anunciado."

A Sra. Cassidy processou o jornal por difamação, tendo por motivo que a publicação fazia supor que ela tinha com o Sr. Corrigan relações imorais. O júri atribuiu-lhe a título de indenização 500 libras esterlinas. O réu apelou, mas a *Court of Appeal*, por maioria, confirmou a decisão do júri, decidindo que a publicação era de natureza difamatória.

Em seu voto, o Lord Justice Russel deixou claro que a responsabilidade civil por difamação permanente *(libel)* não depende senão do caráter difamatório da publicação, a intenção do autor não tendo nenhuma importância. As pessoas que tinham conhecimento das circunstâncias puderam razoavelmente crer que a publicação constituía um atentado à reputação da vítima. Dito isso, deve-se atribuir ao júri a questão de saber se, na espécie, a vítima foi efetivamente difamada.

No caso relatado, uma vez mais, a liberdade de informação foi restringida através da responsabilidade civil por difamação. E uma vez mais a insinuação *(innuendo)* permitiu não apenas caracterizar a difamação, mas também serviu de obstáculo à ingerência na vida privada.

É preciso estender a noção de difamação e fazer abstração da culpa do lesante se se quer proteger os cidadãos das ingerências indevidas em suas respectivas vidas privadas. O Lord Justice Russell chegou mesmo a dizer com todas as letras que o diário estava "pagando o preço de seu método de trabalho".

Ao revés, no momento em que se tratar de uma informação mais séria, sem ingerências injustificáveis na vida privada das pessoas, a jurisprudência inglesa não considerou a insinuação *(innuendo)* como forma de difamação.

Já fizemos observar, aliás, sob esse aspecto, que no caso Lewis v. Daily Telegraph Ltd. (House of Lords [1964] AC 234; [1963] All ER 151; [1963] II WLR 1063), a informação relativa à existência de um inquérito policial sobre os atos fraudulentos e desonestos da parte dos dirigentes de um grupo de empresas não foi considerada pela jurisprudência como uma insinuação de culpabilidade por fraude ou desonestidade. Caso contrário, segundo o magistrado inglês, o direito à informação tornar-se-ia na prática impossível.

Em um sistema - convém lembrar - onde um único precedente é suficiente para estabelecer o direito, pode-se deduzir que as cortes inglesas tanto fazem uso da difamação por via de insinuação para sancionar as ingerências indevidas na vida privada, quanto rejeitam a insinuação, utilizando uma espécie de regra *mitiore sensu*, no entanto bem sepultada, no momento em que pretende proteger a liberdade de expressão, mesmo às expensas da reputação individual.

Esse desvio de instituição (*détournement d'institution*) caracterizado pela utilização do *Tort of Defamation* como meio de proteção da vida privada poderia bem ser um exemplo daquilo que Rodière (1979 p. 53) chamou "a lei de substituição" (*loi de substitution*) e que ele explica da forma seguinte: "Muito mais que as divergências cujo alcance não deve ser objeto de abuso, a ciência comparatista revela as necessidades permanentes da vida social e permite ilustrar, melhor do que qualquer outra investigação, a subordinação da técnica institucional às necessidades sociais, princípio fecundo que permite suscitar essa lei: no momento em que uma regra ou uma instituição, considerada necessária pelo pensamento social ou pelo desenvolvimento econômico, não é reconhecida, a título autônomo, esse pensamento ou esse desenvolvimento se expressa inevitavelmente sob a cobertura de uma ou mais outras instituições que ela deforma. Em outras palavras, o empuxe orgânico é mais forte que a resistência técnica. Eu daria a essa lei o nome de lei de substituição".

Enfim, ainda deve ser assinalado que no Direito inglês a vítima de uma difamação somente pode ser uma pessoa, física ou moral. Da mesma forma aliás que no Direito francês, no que respeita ao delito de difamação, a ofensa à reputação contra um grupo desprovido de personalidade moral *(Group Defamation)* não pode constituir objeto de uma ação de perdas e danos.

A comissão para a reforma do direito da responsabilidade civil por difamação pronunciou-se sobre esse particular. Os atentados às pessoas não identificadas, individualmente, ainda que identificáveis enquanto raça, cor, fé ou profissão, não são sancionadas, na Inglaterra, senão no caso de constituírem *seditious libel*, isto é, a incitação ao crime ou à insatisfação entre os cidadãos do reino, ou ainda, a incitação à hostilidade entre as classes. As ações penais por sedição, a Comissão reconheceu, podem corresponder a interesses políticos, o que é contrário à tradição inglesa. Entretanto, a comissão não recomendou modificações nesse assunto, considerando que a responsabilidade penal por sedição protege os interesses em questão tanto quanto possível[50].

A determinação da vítima pessoa física ou jurídica, é pois medida em consonância com o que pensam os membros da sociedade face à declaração difamatória. A culpa do autor da declaração não é levada em consideração. Essa determinação pode verificar-se no momento em que se trata da insinuação, ainda que involuntária.

É preciso observar agora as circunstâncias nas quais o Direito inglês disciplina a última condição da responsabilidade por difamação.

---

[50] Ver Report of the Committee on the Law of Defamation (Cmnd. 7536 [1948]).

SEÇÃO III - A COMUNICAÇÃO DA IMPUTAÇÃO DIFAMATÓRIA

O Direito inglês da responsabilidade civil por difamação procura proteger a reputação dos cidadãos. O valor jurídico em questão é a apreciação do cidadão pelos outros membros da sociedade civil.

Ao revés, a honra do cidadão, ou mesmo sua dignidade, no sentido da estima e da consideração que uma pessoa deve ter de si mesma, não é objeto de nenhuma proteção jurídica. Se a isso somarmos a ausência de um direito à vida privada, pode-se deduzir que a expressão "direitos da personalidade" não tem nem o mesmo sentido nem o mesmo alcance que na França ou na Alemanha. Essa constatação um pouco brutal deve entretanto ser temperada pela circunstância de existir uma larga utilização na noção de difamação, em substituição à da proteção da vida privada, como já vimos.

Para que haja responsabilidade civil por difamação, é preciso que o lesante faça chegar a declaração contendo uma lesão à reputação da vítima ao conhecimento de uma terceira pessoa. Compreende-se por *publication* a circunstância segundo a qual alguém torna pública a difamação.

A simples declaração direta à vítima não é condição suficiente, donde a distinção entre reputação e dignidade, esta última não tendo nenhuma proteção jurídica. É preciso ver aqui um cuidado permanente de afastar da competência das jurisdições inglesas as simples ofensas verbais, que não são de natureza a prejudicar a consideração do cidadão junto aos membros bem pensantes da sociedade.

Na ausência de limitações de ordem moral, desaparecidas no momento da ruptura com a moral católica (como mencionamos no § 2º, Seção I, Capítulo I), foi preciso ininterruptamente restringir as condições jurídicas para evitar, dessa forma, o grande número de ações por difamação. A distinção entre reputação e dignidade pode assim ser considerada como outra tentativa de afastar o grande fluxo de ações perante os tribunais. Embora a doutrina inglesa freqüentemente qualifique essa comunicação de "publicação maliciosa" (malicious publication) e que geralmente o autor faça dela menção em sua petição inicial (statement of claim), a expressão malice não quer dizer que a intenção do lesante seja elemento constitutivo do delito civil. Trata-se muito mais de uma cláusula de estilo, de uma formalidade (Winfield & Jolowicz, 1979, p. 295). Formalidade que se pode aliás ligar à fórmula tão antiga quanto célebre empregada por Hale, no caso King v. Lake que constitui a origem da distinção entre libel e slander: as difamações escritas e publicadas revelam maior malícia (intenção de prejudicar) do que as ditas oralmente. As palavras escritas contém mais maledicência que as palavras ditas oralmente, como já exposto na Seção III do Capítulo I.

A expressão "publicado com a intenção de prejudicar" (maliciously published) pode, ao que parece, justificar-se pelo cuidado do autor da ação de caracterizar o libel e de conseqüentemente não precisar provar o dano especial.

Se a culpa não é um elemento necessário para que haja responsabilidade civil, não se pode disso deduzir que ela seja desprovida de importância no estudo da comunicação da declaração difamatória.

A análise sucinta de dois acórdãos de princípio (arrêts de principe) permite bem colocar o problema.

No caso Huth v. Huth (Court of Appeal [1914-5] All ER 242), o Sr. Huth enviou uma carta a sua mulher, em um envelope aberto e não selado no qual afirmava que eles não tinham sido casados e que os seus filhos não eram, conseqüentemente, legítimos. O serviçal da casa pôde satisfazer sua curiosidade lendo o conteúdo da carta antes de colocá-la na mesa do café da manhã. Na época, a mulher não podia processar o marido por perdas e danos, o que foi posteriormente modificado pela reforma de 1962 (Law Reform Husband and Wife Act, artigo primeiro). Por essa razão, os filhos do casal Huth foram os protagonistas da ação em difamação. O júri considerou a ação improcedente e a apelação diante da *Court of Appeal* foi rejeitada.

O Lord Justice Reading pronunciou-se então assim: no momento em que uma carta é enviada através do correio, o direito presume a comunicação do seu conteúdo, quando mais não seja, ao funcionário do correio. Essa presunção é apenas relativa, podendo o lesante provar o contrário. Mas na espécie, a comunicação não existiu senão pela curiosidade do serviçal, que teve conhecimento do conteúdo da carta, faltando, assim, a seu dever. Não se pode, nas circunstâncias, falar de *publication*.

A jurisprudência da *Court of Appeal* ([1962] 1 All ER 229) não foi exatamente a mesma por ocasião do aresto Theaker v. Richardson, muito embora os fatos pudessem ser considerados como análogos. O Senhor Theaker enviou à Senhora Richardson, uma mulher casada, ambos integrantes do legislativo municipal, uma carta selada em um envelope geralmente utilizado para as campanhas eleitorais. O conteúdo da carta era difamatório. O marido da Sra. em questão, supondo que se tratava apenas de uma propaganda eleitoral, abriu o envelope e teve assim conhecimento do conteúdo da carta.

O júri, considerando a comunicação da declaração difamatória como uma conseqüência provável, até mesmo natural, do fato de haver escrito e expedido a carta, condenou o réu a indenizar o autor. Em grau de apelação, a *Court of Appeal* decidiu pelo não provimento do recurso.

O Lord Justice Pearson, por ocasião do seu voto, perguntou-se se a conduta do marido da vítima era qualquer coisa de normal ou se, ao contrário, era de tal forma inabitual que não poderia ter sido prevista. Ora, respondeu o alto magistrado, trata-se de uma questão de fato cuja competência é atribuída ao júri. Não se poderia substituir a opinião do júri pela da Corte.

Hábil fórmula para não aplicar ao marido o que foi decidido em relação ao serviçal.

Tudo o que pode ser dito é que, no momento em que uma carta for expedida através do correio, a presunção é estabelecida no sentido de que houve o conhecimento de uma terceira pessoa, podendo o réu provar o contrário.

De qualquer forma, é ao júri que compete decidir as questões que podem ser suscitadas apreciando as circunstâncias da espécie.

A solução francesa é de outro alcance. A Lei de 11 de junho de 1887, no seu artigo primeiro, apenas sanciona a expedição através do correio de uma carta aberta contendo uma difamação ou injúria[51].

Mas as declarações difamatórias publicadas pela imprensa ou pela edição suscitam outros problemas, aliás muito mais importantes. Toda repetição da declaração difamatória constitui, no Direito inglês, uma nova *publication*, suscetível de constituir o objeto de uma ação por perdas e danos.

Mais importante ainda, toda pessoa que participa na divulgação de uma declaração difamatória torna-se por ela responsável. Assim, não somente o articulista, por exemplo, mas também o editor, o impressor, o proprietário do jornal, ou até mesmo o vendedor de jornais que entrega o número do diário contendo o artigo (Winfield & Jolowicz, op. cit., p. 297), ou até mesmo o livreiro que faz o mesmo com uma obra contendo ofensas à reputação.

A responsabilidade tem portanto um alcance considerável.

Inúmeras exceções, entretanto, atenuam-lhe o rigor.

Inicialmente, é preciso distinguir duas categorias de responsáveis: aqueles que tiveram uma participação mais importante na divulgação, tais como o escritor, o editor, o impressor ou o proprietário do jornal ou da

---

[51] Ver, por todos, no que se refere aos detalhes, Dumas (1981, p. 406).

A responsabilidade civil por difamação no Direito inglês 81

revista, de um lado, e aqueles que tiveram apenas uma participação na distribuição, como o vendedor e o livreiro, de outro.

Todos são considerados como responsáveis pelo dano, mas os primeiros, salvo o escritor ou o autor da matéria difamatória em geral, têm à sua disposição as medidas do artigo 4º da lei sobre a difamação de 1952 *(Defamation Act)*. Podem utilizar-se do procedimento do oferecimento da correção *(offer of amends)* ou do oferecimento de escusas *(apologies)*, cujos efeitos serão examinados mais tarde no § 2º da Seção II do Capítulo IV. Mas à condição que a divulgação tenha sido inocente no que lhes diz respeito *(innocently published)* e, qualquer que seja o caso, não intencional *(unintentional defamation)*.

A segunda categoria de pessoas - aquelas que não participaram senão na distribuição da matéria difamatória - podem proteger-se ainda mais, fazendo apelo da defesa da distribuição inocente *(innocent dissemination)*. A proteção é de origem jurisprudencial e somente é eficaz no momento em que for estabelecida a ausência de negligência ou a ignorância do conteúdo difamatório ou mesmo provavelmente difamatório da declaração distribuída ou vendida (Vizetelly v. Mudie's Select Library Ltd. [1900] 2 QBD 170, 180); (Bottomley v. Woolworth & Co. [1932] 48 TLR 521). Ela nos leva a tratar das causas de exoneração da obrigação de reparar o dano.

CAPÍTULO TERCEIRO

As causas de exoneração da responsabilidade civil por difamação

É preciso lembrar, inicialmente, que no Direito inglês os problemas jurídicos são geralmente analisados sob o ângulo do processo.

O caráter processual da *Common law* foi colocado em relevo, inúmeras vezes, pelo professor David (1982, p. 24, 329 e 365): "A *Common law* foi formada pelos juízes, que tinham por preocupação resolver litígios particulares. Ela traduz, ainda hoje, de maneira flagrante, a marca dessa origem. A regra de Direito da *Common law,* menos abstrata que a regra de Direito da família romano-germânica, é uma regra que visa a dar uma solução a um processo, não a formular uma regra geral de conduta para o futuro."

O Direito não é considerado como um modelo de organização social, tal como o é nos países de Direito romanista, mas como um simples meio de solução dos litígios (ibidem, p. 41).

É a razão pela qual o lesante é considerado, na Inglaterra, enquanto réu *(defendant)* e a vítima é designada autor *(plaintiff).*

É também a razão pela qual as causas de exoneração da responsabilidade civil são denominadas defesas *(defenses)* e analisadas no campo do processo.

A responsabilidade civil por difamação no Direito inglês 83

Não se consegue, pois, abstrair do litígio, e, menos ainda, utilizar a noção de relação jurídica, isto é, da situação de fato enquanto objeto de uma regra de direito.

As *defenses* - ou causas de exoneração na terminologia francesa - são muito importantes para a compreensão da responsabilidade civil por difamação. Com efeito, já assinalamos que as condições da mencionada responsabilidade são estritas, na medida em que, essencialmente, elas não compreendem em princípio nem a culpa nem o dano, uma e outro estando presumidos na maior parte dos casos.

Não é pois difícil de instrumentalizar a responsabilidade, identificando a um só tempo a vítima e o lesante. Donde a importância para este de fazer valer suas defesas.

Além da causa de exoneração que acabamos de examinar, a distribuição inocente, assim como o consentimento da vítima na publicação, o lesante pode ainda fazer valer as três defesas "principais", a saber: a exceção da verdade (I), a crítica honesta (II) e as imunidades (III).

SEÇÃO I - A EXCEÇÃO DA VERDADE

A exceção da verdade é denominada, no Direito inglês, verdade *(truth)* ou justificação *(justification)*. A Comissão Faulks para a reforma do Direito da responsabilidade civil por difamação recomendou o uso da primeira expressão, à exclusão da segunda (Winfield & Jolowicz, op. cit., p. 301, nota 68a), que é, com efeito, a menos precisa.

Trata-se de uma causa de exoneração difícil, por si só, a prevalecer em uma ação de indenização por difamação, razão pela qual freqüentemente deve ser alegada em conjunto com outro fato justificativo, tal como a imunidade ou o comentário honesto (ibidem). Aquele que atinge a reputação de outrem, assume seus próprios riscos e perigos, ainda que possa estar de boa-fé ou persuadido da correção de seu propósito. O erro de apreciação não é absolutamente uma escusa (Salmond and Heuston on the law of torts, 1981, p. 148).

Como parece ser o caso em todo o campo da responsabilidade civil por difamação, as principais regras foram enunciadas ao longo dos anos pela jurisprudência (§ 1º). Foram objeto de reformas pontuais por via legislativa (§ 2º).

§ 1º - As regras da Common law

As regras jurisprudenciais sobre a exceção da verdade parecem, sob todos os aspectos, ser estritas com relação ao lesante.

Em primeiro lugar, a presunção é estabelecida em favor da vítima. A declaração contendo uma ofensa à sua reputação desta presume-se falsa. Constitui portanto ônus de prova do lesante a circunstância de modificar a presunção através da prova da verdade dos fatos que ele imputou à vítima.

É próprio das presunções relativas a inversão do ônus da prova. Essa presunção relativa se impõe na medida em que a falsidade de uma declaração qualquer é freqüentemente uma prova impossível de ser estabelecida. Não se exige, pois, da vítima provar a falsidade da declaração pretensamente difamatória. Não se pode exigi-la senão do lesante, se isso lhe for conveniente para afastar a obrigação de reparar o prejuízo.

A exceção da verdade, em Direito inglês, não é admitida senão no campo da responsabilidade civil. Já observamos que a responsabilidade penal somente existe no momento em que se tratar de uma difamação com caráter permanente *(libel);* as difamações passageiras *(slanders)* não podem constituir-lhe o objeto. É preciso agora acrescentar que, no domínio da responsabilidade penal por *libel*, a prova da verdade dos fatos imputados à vítima não é, em princípio, reconhecida diante das jurisdições repressivas. Ao menos ela não é de natureza a excluir a aplicação da sanção penal.

O fundamento dessa solução repousa sobre a jurisprudência da antiga *Star Chamber* da qual já falamos. Essa corte fundava a responsabilidade penal por *libel* sobre a ameaça à paz pública, que deveria ser preservada mesmo ao preço da verdade. A jurisprudência da *Star Chamber* sobre as difamações permanentes muito influenciou as cortes da *Common law,* e essa solução permanece, muito embora temperada, como teremos ocasião de observar daqui a instantes. A frase atribuída a Lord Mansfield é, sob esse aspecto, significativa: "quanto maior for a verdade, mais grave é a difamação"[52].

Ao contrário, no domínio da responsabilidade civil, a exceção da verdade não tem limites, segundo a jurisprudência. A liberdade de informação prefere assim sobre o direito de uma reputação que não merece proteção. O Direito não pode permitir a qualquer um a reparação de um prejuízo a uma reputação inexistente, ou que não merece ser protegida[53].

Isso é verdadeiro ainda que a vítima consiga estabelecer a intenção de prejudicar *(malice)* ou motivo chocante *(improper motives)* da parte do lesante. Assim um homem de conduta irrepreensível foi vencido em sua ação de indenização por difamação que tinha por objeto acusação "loucuras da juventude" *(youthful follies)* publicados de forma detalhada por um inimigo maledicente (ibidem, p. 148).

Em um sistema jurídico que ignora a proteção da vida privada, essa ausência de limites à exceção da verdade tem, evidentemente, inconvenientes insuperáveis. É bem verdade que a impossibilidade da utilização da exceção da verdade em matéria penal pode ter um papel protetor. Não é a primeira vez que o direito da respon-

---

[52] The grater the truth, the grater the libel, citado por Fleming (op. cit., p. 545).

[53] For the law will not permit a man to recover damages in respect of an injury to a character wich he either does not, or ought not, to posses (Mc Herson v. Daniels [1829] 10 BC 263, 272) citado por *Salmond and Heuston* (op. cit., p. 147, nota 85).

sabilidade penal por difamação é desviado com a finalidade de proteger a vida privada como já exposto no § 2º da Seção II do Capítulo II. Mas desta vez trata-se da responsabilidade penal por difamação permanente *(libel)*; a lei da compensação da qual falamos tem aqui conseqüentemente um papel bem mais restrito.

Se, de um lado a jurisprudência em matéria cível não reconhece limites à exceção da verdade, ela se mostra, de outro lado, bastante exigente no que concerne à prova dos fatos imputados à vítima.

A acusação tendo por objeto o cometimento de um delito não foi considerada estabelecida na medida em que o difamador não logrou êxito senão em provar a sentença de condenação. Era preciso, além disso, estabelecer a prova da existência do próprio delito[54].

O tratamento jurídico não difere quando se tratar de uma declaração qualquer que tem apenas por objeto a repetição do que já foi declarado por algum outro. Não basta citar cuidadosamente a referência; é preciso provar a existência dos fatos que se está a repetir.

É assim que a fórmula jurisprudencial segundo a qual "a exceção da verdade deve ter o mesmo alcance que a acusação e deve estabelecer de modo preciso a existência" é muito difundida na doutrina[55]. Mas a questão de saber se esta prova foi tão completa ou se uma falha qualquer pode em definitivo torná-la ineficaz é considerada como uma questão de fato cuja competência pertence ao júri.

Essas exigências são particularmente rígidas no que diz respeito à liberdade de imprensa. A jurisprudência demonstrou uma certa flexibilidade a esse respeito. Vimos, aliás, que num caso onde houve insinuação *(innuendo)* de culpabilidade por fraude ou desonestidade

---

[54] Ver, por exemplo, *Winfield and Jolowicz* (op. citl, p. 302); *Salmond and Heuston* (op. cit., p. 149); Fleming (op. cit., p. 547).

[55] The justification must be as brod as the charge and must justify the precise charge. Winfield and julowicz, op. cit., p. 301; Fleming, The Law of Torts, op. cit., p. 546.

através de um jornal diário, a jurisprudência entendeu que a prova de um inquérito policial em curso era suficiente (Lewis v. Daily Telegraph Ltd. House of Lords [1964] AC 234; [1963] All ER 151).

Algumas leis pontuais tiveram a finalidade de temperar, e de modo muito mais importante, as exigências da *Common law*.

§ 2º - As reformas legislativas pontuais

Em um ramo do Direito inglês desde cedo incorporado à *Common law* através da ação *upon the case*, as reformas objetivando amenizar os rigores da jurisprudência das cortes reais não tiveram por origem a *"Equity"*, mas o direito legislativo *(statute law)*. No momento em que a jurisdição da Corte da Chancelaria *(Equity)* estabeleceu-se com vigor, as cortes reais *(Common law)* demonstraram maior riqueza no que respeita à criação e ao desenvolvimento do novo *writ*[56]. A necessidade das reformas surgiu no momento em que as duas jurisdições já tinham sido fundidas pelas assim chamadas leis sobre a Judicatura de 1873 e 1875 (Judicatures Act).

A rivalidade não existiu portanto entre as cortes da *Common law* e a da Chancelaria, mas entre elas e as cortes eclesiásticas, que a reforma decidiu em detrimento destas. Donde uma ausência quase completa da influência da *Equity* sobre a responsabilidade civil por difamação. Todas as reformas surgiram através do Parlamento. Mas as leis inglesas não podem ser compreendidas nessa matéria e em inúmeras outras consideradas como clássicas, senão quando examinadas em relação à *Common law*. Dito de outra forma, as leis existem apenas em função de modificações pontuais que acarretam na jurisprudência estabelecida pelas cortes reais, o direito inglês por excelência *(Common law)*. Elas não existem e não podem ser estudadas senão tendo como referência as regras jurisprudenciais.

---

[56] Ver Capítulo Primeiro.

A primeira dessas reformas pontuais surgiu em 1843, quando uma comissão da Câmara dos Lordes propôs que a exceção da verdade não deveria ser considerada como causa de exoneração da responsabilidade senão quando a declaração pretensamente difamatória poderia ser publicada em favor do interesse público *(public benefit)*. A proposição era aplicável não somente à responsabilidade penal por *libel* que, segundo a jurisprudência, não comportava exceção da verdade, mas também à responsabilidade civil em que dita exceção, sempre de acordo com a *Common law*, era inversamente admitida sem nenhuma limitação.

Sob todos os aspectos, a recomendação era de bom senso. Do ponto de vista da responsabilidade penal, a inadmissibilidade da exceção da verdade era considerada como uma restrição muito pesada à liberdade de informação. Do lado da responsabilidade civil, a ausência de limites à utilização da exceção da verdade trazia o risco de permitir uma ingerência intolerável na vida privada dos cidadãos. O critério do interesse geral *(public benefit)* poderia permitir aos juízes ingleses separar o joio do trigo: a liberdade de informação encontraria seu lugar de direito no momento em que a publicação havia sido feita no interesse de todos e, ademais, era conforme com a verdade; a ingerência na vida privada, sem nenhuma relação com o interesse geral, não seria doravante tolerada, muito embora os fatos imputados fossem verdadeiros.

Entretanto a recomendação da Alta Comissão somente foi aceita no domínio da responsabilidade penal por *libel*. O *Lord Campbell's Libel Act* de 1843 dispõe que a exceção da verdade será doravante admitida quando a declaração pretensamente difamatória for publicada no interesse público.

Uma vez que a recomendação não foi aceita em matéria cível, a proteção da vida privada na Inglaterra somente é sancionada na medida em que a ingerência pode traduzir uma difamação.

Por outro lado, outra reforma legislativa trouxe a única exceção que conhece o Direito inglês à exceção da verdade enquanto causa de exoneração da responsabilidade em matéria cível. A lei sobre a reabilitação dos delinqüentes de 1974 *(Rehabilitation of Offenders Act)*, no seu artigo 8º, torna defesa a utilização da exceção da verdade no que se refere aos apenados após um certo prazo que varia segundo a duração da pena. A finalidade, por certo, é a de permitir a reinserção do apenado na sociedade.

Ainda era preciso, com mais razão, proteger os cidadãos que não foram condenados por nenhum crime; mas a Comissão Faulks para a reforma do direito da responsabilidade civil por difamação rejeitou a antiga proposição no que respeita ao critério do *public benefit* (Fleming, op. cit., p. 545, nota 19).

A contradição é evidente: o apenado, a justo título, não pode ser lembrado em razão de seus erros passados; mas o cidadão cuja conduta é irrepreensível nada pode fazer no momento em que alguém se lembra de suas loucuras da juventude *(youth folies)*.

Inversamente, como teremos ocasião de observar, a contradição é ainda maior em um sistema jurídico originário da *Common law*, em que a vida privada recebeu uma proteção considerável mas a responsabilidade por difamação foi enfraquecida sob a pressão de grupos ligados à imprensa. A intimidade é aqui freqüentemente melhor protegida do que a reputação. Ao extremo, não se pode atentar contra a privacidade, muito embora os fatos sejam verdadeiros. Pode-se, entretanto difamar, ainda que os fatos sejam absolutamente falsos...

A ausência quase total de limites no campo da aplicação da exceção da verdade na Inglaterra contrasta com o Direito francês, no qual o artigo 35 da Lei de 29 de julho de 1881, modificado pela ordonnance de 6 de maio de 1944, dispõe que

"a verdade dos fatos difamatórios pode sempre ser provada, salvo:

a) no momento em que a imputação diga respeito à vida privada da pessoa;

b) no momento em que a imputação se refere a fatos ocorridos há mais de 10 anos;

c) no momento em que a imputação se refere a um fato que constitui uma infração anistiada ou prescrita, ou que ensejou uma condenação que foi posteriormente objeto de reabilitação ou de revisão".

Além da admissão da exceção da verdade em matéria penal, quando se tratar do interesse geral *(public benefit)* e da restrição em matéria cível, quando se tratar de permitir a reinserção na vida social dos apenados, o Direito inglês conheceu ainda duas outras reformas legislativas importantes nesse campo.

A lei sobre a prova no processo civil de 1968 *(Civil Evidence Act)* em seu artigo 13, modificou a regra da *Common law,* segundo a qual a difamação que dissesse respeito ao cometimento de um delito não poderia ser provada pela sentença de condenação. Doravante esta decisão é considerada como uma prova conclusiva (conclusive evidence). O lesante não mais precisa provar novamente o cometimento de um delito.

Mais importante ainda é a reforma introduzida pelo artigo 5º da lei sobre a difamação de 1952 *(Defamation Act)* que assim dispõe:

> "Em uma ação de indenização por difamação concernente a uma declaração que contenha duas ou mais imputações diferentes, a exceção da verdade não será rejeitada, quando a verdade de todos os fatos não for estabelecida, à condição de que os fatos não provados não sejam de natureza a atentar contra a reputação da vítima, levando-se em consideração a prova dos outros fatos que lhe foram imputados"[57].

---

[57] In an action for libel or slander in respect of words containing two or more charges against the plaintiff, a defence of justification shall not fail by reason that the truth of every charge is not proved if the words not proved to be true do not materially injure the plaintiff's reputation having regard to the truth of the remaining charges.

Doravante a interpretação literal da declaração difamatória é absolutamente excluída. As faltas ou imprecisões que não têm nenhuma importância sobre os fatos essenciais que constituem o objeto da declaração são negligenciados.

Para que a exceção da verdade afaste definitivamente a responsabilidade, basta que os fatos imputados sejam verdadeiros em substância (*true in substance and in fact*). O risco de uma leitura por demais restritiva da prova da verdade foi afastado assim de modo eficaz.

Somadas umas coisas às outras, as reformas pontuais serviram somente para amenizar a rigidez ou o risco de falta de flexibilidade da jurisprudência. Não foram de natureza a trazer modificações fundamentais, inobstante serem essas necessárias.

Levando em consideração os relatórios das comissões para a reforma do direito da difamação e da proteção da vida privada, a única modificação que deve ser esperada se refere à utilização da palavra verdade (*truth*), com exclusão da palavra justificação (*justification*). A reforma mais urgente - a inadmissibilidade da exceção da verdade quando os fatos difamatórios não têm nenhuma relação com o interesse geral - não parece ter surgido no horizonte.

A exceção da verdade tem ainda um papel não negligenciável em outra causa de exoneração da obrigação de reparar o dano produzido pela difamação.

SEÇÃO II - A CRÍTICA HONESTA

O direito de crítica deve ser reconhecido e protegido em qualquer organização social civilizada. Ele pertence às liberdades públicas, que caracterizam as sociedades ocidentais democráticas, e sinala sua superioridade face às sociedades que não o reconhecem.

Além disso, o direito de crítica - quer se trate da crítica artística, literária ou científica, quer se trate ainda da crítica concernente à conduta dos negócios públicos - apresenta a vantagem evidente de tornar possível a livre discussão, até mesmo o controle dos aspectos da vida social e cultural que suscitam o interesse de todos os cidadãos.

As democracias ocidentais orgulham-se de respeitar essa liberdade considerada como fundamental, pilar mesmo do sistema e condição necessária - se não suficiente - de sua eficiência.

Para as democracias ocidentais, trata-se aqui de uma *vérité* d'évidence. O problema que se coloca não é aquele de reconhecer o direito de crítica, mas antes disso o de saber quais são os limites dessa liberdade, que podem variar de um sistema para outro.

O direito da responsabilidade por difamação pode, sem nenhuma dúvida, servir de obstáculo ao direito de crítica. Inúmeros autores medem o grau da liberdade existente em uma sociedade através do alcance da responsabilidade. É preciso não dramatizar excessivamente.

Se de um lado o direito da responsabilidade por difamação é o único baluarte para proteger a honra e a reputação dos cidadãos contra os abusos do direito de crítica, é verdade que, de outro, o perigo consiste em desviar este baluarte para finalidades políticas.

O Direito inglês, em que a defesa do *fair comment*[58] foi reconhecida há muito tempo[59] pode ser um bom exemplo da pesquisa do difícil equilíbrio entre esses dois valores jurídicos essenciais: a liberdade de opinião e a reputação dos cidadãos.

O direito de crítica na Inglaterra apresenta três limites a serem considerados: deve ser fundamentado so-

---

[58] A comissão Faulks para a reforma do direito da responsabilidade civil por difamação recomendou a utilização da expressão *comment* em lugar daquela atualmente empregada, *fair comment*. Ver Pitt (1976, p. 190).

[59] E.g. Dibbin v. Swan 1793 citado por Winfield & Jolowicz (op. cit., p. 303, nota 83).

bre fatos considerados verdadeiros (§ 1º); somente é admitido no momento em que se tratar de um assunto de interesse geral (§ 2º) deve, enfim, ser a expressão de um ponto de vista honesto (§ 3º).

§ 1º - A veracidade dos fatos

O direito de crítica protege somente a expressão de uma opinião, de um ponto de vista. Essa opinião deve estar fundada sobre fatos reais, conformes à verdade. A exatidão dos fatos é um elemento da defesa de *fair comment*, enquanto que, para a exceção da verdade, ela é a finalidade.

A distinção entre uma declaração que imputa fatos a alguém e a expressão de um ponto de vista sobre os fatos imputados não é fácil de ser estabelecida. Dela depende, entretanto, a escolha da defesa mais adequada a fim de exonerar o réu da responsabilidade por difamação. Na prática judiciária, inúmeros casos servem à dúvida e à discussão. Tomemos, por exemplo, as acusações de imoralidade ou de improbidade. É algumas vezes difícil saber, pela generalidade das palavras empregadas, se se trata de um comentário ou de uma asserção de fatos. A jurisprudência está cheia de decisões contraditórias[60].

Com vistas a contornar a dificuldade, os práticos recorrem freqüentemente à assim chamada *rolled-up plea* que consiste em argumentar que os fatos são imputados à vítima são verdadeiros em substância e que simultaneamente a declaração pretensamente difamatória não é senão a expressão de uma crítica honesta, feita de boa-fé e sem a intenção de prejudicar, sobre um assunto de interesse geral[61]. A defesa é de um alcance tão extenso

---

[60] Ver, por exemplo, Winfield and Jolowicz (op. cit., p. 304).

[61] In so far as they consist of allegations of fact the said words are true in substance and in fact and so far as they consist of expressions of opinion they are fair comments made in good faith and without malice upon the said facts which are a matter of public interest. (Fleming, op. cit., p. 582).

que nada deixa ao azar do procedimento. Muito embora ela tenha sido utilizada desde 1890, a Comissão Faulks para a reforma do direito da responsabilidade civil por difamação sugeriu sua supressão (Cmnd [1975] 5909, § 176). Porque ela abrange todas as condições da defesa do fair comment, acarreta o risco de provocar uma confusão com a exceção da verdade.

O estudo de um único caso - no qual o julgamento de Lord Denning foi decisivo - é de natureza a revelar todas as circunstâncias em torno dessas questões. Trata-se do aresto London Artists, Ltd v. Littler (Court of Appeal [1969] All ER 193, em que o Senhor Emile Littler, um empresário, escreveu uma carta a cada um dos comediantes acusando-os de boicotar a apresentação da peça *The Right Honourable Gentlemen* cujo sucesso diante do público era considerável.

Não contente em escrever e expedir a carta, ele a fez distribuir pelos órgãos da imprensa. Na ação de indenização por difamação intentada pelos atores, o Senhor Littler justificou-se excepcionando-se com as defesas de imunidade relativa *(qualified privilege)* e da crítica honesta *(fair comment)* sobre um assunto de interesse geral. A *Court of Appeal*, à unanimidade, confirmando parcialmente a decisão da primeira instância, condenou o empresário à reparação do dano.

O *speech* de Lord Denning - Presidente da Corte *(Master of the Rolls)* - deve ser relatado em suas grandes linhas. Inicialmente ele reconhece, à diferença do júri, que na espécie a declaração foi feita no interesse geral *(public interest)*. Em seguida, o famoso magistrado coloca a questão de saber se uma acusação de boicote é uma declaração imputando um fato à vítima ou se, ao contrário, trata-se de uma crítica, de um comentário. É a primeira solução que se impõe: a acusação não é uma declaração imputando um fato às vítimas *(statement of fact)*. A distinção entre a defesa do *fair comment* e a exceção da verdade reside na circunstância de que na primeira o lesante deve somente provar os fatos imputados

A responsabilidade civil por difamação no Direito inglês 95

à vítima, enquanto na segunda ele deve, além disso, estabelecer a prova dos comentários e das inferências. Exige-se-lhe mais quando se trata da exceção da verdade.

Os fatos essenciais do caso, a conspiração dos comediantes entre si e entre eles e o proprietário do teatro, deve ser analisada como uma declaração. Posto que o lesante não logrou êxito na prova, ele escolheu a defesa da crítica honesta (*fair comment*) e argumentou no sentido de que a questão de saber se se trata de uma declaração ou de uma crítica deve ser de competência do júri. Este último argumento é válido, mas o júri não pode, "razoavelmente", decidir que a difamação era uma crítica e não uma imputação de fato às vítimas. O juiz portanto bem decidiu o caso ao sentenciar que o problema não deveria ser colocado aos jurados.

Enfim, sempre segundo Lord Denning, o lesante, ainda que de boa-fé, ultrapassou os limites da crítica honesta, uma vez que conduziu-se de modo precipitado ao concluir que havia um boicote para pôr fim à representação da peça teatral.

As questões concernentes ao interesse geral e à honestidade da crítica serão retomadas, cada uma a seu turno. O que nos interessa agora é a distinção entre a declaração e a crítica, de um lado, e entre a exceção da verdade e a defesa de *fair comment*, de outro. O acórdão relatado vem de sublinhar o essencial a esse respeito.

A situação inversa pode ser ilustrada através do aresto Kemsley v. Foot (House of Lords [1952] I All ER 501): o Senhor Foot publicou um artigo intitulado "Mais baixo do que Kemsley, por Michael Foot" no jornal cotidiano *Tribune*, em que acusava um jornalista de outro jornal, *The Evening Standard,* de praticar o jornalismo "o mais ignóbil nesse país no último ano". O Senhor Kemsley, um proprietário de jornais bem conhecido, intentou uma ação de perdas e danos por difamação, argumentando que ele havia servido de referência a uma acusação de falso e ignóbil jornalismo. A insinuação, seguramente, era no sentido de que Kemsley não era honesto, mas que ele era, mesmo assim, menos desonesto que os acusados.

Em última instância, a Câmara dos Lordes, seguindo a motivação de Lorde Porter, decidiu que havia na espécie a indicação de uma base suficiente de fatos para que a declaração pudesse ser considerada como uma crítica. A defesa de *fair comment* era conseqüentemente procedente, como havia decidido o juiz. A *Court of Appeal* modificara essa decisão, e a Câmara dos Lordes, a seu turno, deu provimento ao recurso dos réus.

Essa noção de base suficiente de fatos *(sufficient substractum of fact stated or indicated)* dá aos juízes a possibilidade de temperar os precedentes segundo os quais a crítica não pode ser senão uma opinião sobre os fatos, cuja prova é sempre exigida.

Assim como que para a exceção da verdade, a prova dos fatos imputados à vítima pode ser estabelecida pelo essencial, abstração feita de certos detalhes que não são muito importantes na apreciação do prejuízo acarretado à reputação da vítima. Com efeito, o artigo 6º da Lei sobre Difamação de 1952 *(Defamation Act)* à imagem do artigo 5º da mesma lei acima transcrito, dispõe que a defesa de *fair comment* não deve ser rejeitada caso a prova da verdade de todos os fatos imputados à vítima não tenha sido estabelecida, desde que a crítica seja considerada honesta em relação aos fatos imputados cuja prova foi estabelecida[62].

Mas, à diferença da exceção da verdade, a defesa de *fair comment* não pode ser utilizada senão quando se tratar de um assunto de interesse geral.

---

[62] In an action for libel or slander in respect of words consisting partly of allegations of fact and partly of expression of opinion, a defense of fair comment shall not fail by reason only that truth of every allegation of fact is not proved if the expression of opinion is fair comment having regard to such of the facts alleged or referred to in the words complained of as are proved.

§ 2º - O interesse geral

Já referimos que a exceção da verdade somente é admitida em matéria penal quando o objeto da difamação foi considerado como um assunto de interesse geral *(public benefit)*. Em matéria cível, ao contrário, a utilização da exceção da verdade, abstração feita aos casos em que o difamado for um apenado - não conhece nenhuma limitação, o que pode traduzir pelo menos um inconveniente, num sistema que ignora a proteção da vida privada.

No que concerne à crítica honesta como causa de exoneração da responsabilidade, há também a exigência do interesse geral sobre o objeto da difamação. Em outros termos, a defesa não é admissível quando a difamação não disser respeito senão à vida particular dos cidadãos, sem nenhuma relação com os interesses que possam ter os demais membros da sociedade.

Nada de mais lógico: o direito de crítica somente existe na medida em que ele pode ser considerado como um fato benéfico para a sociedade. Ele é protegido em função da vida social e não tem nenhum sentido senão quando tem por objeto matérias que podem interessar a seus membros.

Entretanto, a jurisprudência inglesa reconhece um alcance considerável à noção de interesse geral na utilização da defesa de *fair comment*.

No aresto London Artists, Ltd. v. Littler, que já relatamos anteriormente, a *Court of Appeal*, seguindo o ponto de vista de Lord Denning, decidiu que a acusação de boicote entre os comediantes e entre eles e o proprietário de um teatro, a fim de pôr termo à representação de uma peça teatral, deveria ser considerada como assunto de interesse geral *(public interest)*. Retomemos, neste ponto preciso, a motivação do presidente do tribunal. Inexiste definição, na doutrina, do que deve ser um assunto de interesse geral. Os autores apenas referem exemplos de questões que suscitam ora a competência do juiz, ora a do júri. Quando um assunto é de natureza a suscitar o interesse do público, qualquer cidadão pode, validamente, expressar uma opinião sobre ele, fazer uma crítica. Inúmeros cidadãos são interessados pelo que se passa no teatro. Os comediantes adoram a publicidade. Eles querem sempre estar em evidência, desejo difundido igualmente entre os produtores, uma vez que o sucesso do artista seduz o público, e conseqüentemente torna rentável o espetáculo. A mudança de atores suscita freqüentemente o interesse do público. No momento em que três artistas e um autor muito conhecido tornam pública sua decisão de abandonar seus papéis, comprometendo o sucesso da peça teatral, parece que se trata aí de um assunto de interesse geral sobre o qual qualquer cidadão pode livremente se expressar.

O mínimo que se pode dizer, é que os artistas não estão absolutamente ao abrigo das críticas e dos comentários, na medida em que suas existências pertencem ao domínio público.

O mesmo ocorre em relação a todos aqueles que têm por encargo os negócios públicos, assunto que, com mais forte razão, diz respeito a todos os cidadãos.

A crítica literária, artística ou científica, assim como a crítica sobre a conduta dos negócios públicos, são as duas categorias de assuntos que pertencem à noção de defesa de *fair comment*.

Uma proposição, ainda de Lord Denning, em outro caso (Slim v. Daily Telegraph [1968] II QB 157), demonstra a maior ligação do Direito inglês, ou pelo menos do autor, por essa causa de exoneração da responsabilidade, graças às suas incidências sobre as liberdades públicas: "Nós devemos manter esse direito, de modo a que ele permaneça intacto. Ele não deve ser diminuído através de sutilezas jurídicas[63]."

---

[63] We must ever maintain this right intact. It must not be whittled down by legal refinements.

Entretanto, é necessário ressaltar que, além da exigência da prova dos fatos que constitui a base da crítica, a reputação dos cidadãos que têm o encargo de uma atividade qualquer que suscita o interesse geral é protegida contra as difamações que atinjam suas personalidades. Dito de outra forma, a crítica não deve atingir pessoalmente aquele cuja conduta não foi julgada conforme ao interesse público. Se esse limite é ultrapassado, o difamador será compelido a estabelecer a prova dos fatos imputados à vítima, uma vez que trata-se aqui, não de uma crítica, mas de uma imputação de fatos. E essa distinção está longe de ser uma "sutileza jurídica" de natureza a diminuir o direito de crítica. Quando se trata de uma afirmação de Lord Denning, é preciso ter o cuidado de não tomá-la pela expressão do Direito positivo inglês na matéria, considerando que, não raro, as opiniões do magistrado inglês são bastante originais.

A proteção da responsabilidade dos cidadãos contra a utilização desmedida da crítica parece bastante enraizada no Direito inglês e por uma razão bem importante: os juízes vitorianos tiveram o cuidado de construir o Direito da responsabilidade civil onde a liberdade de expressão não poderia impedir a entrada dos *gentlemen* na cena política. Os juízes vitorianos preocupavam-se por suas suscetibilidades[64].

Trata-se aqui de um dos aspectos mais importantes da responsabilidade civil por difamação: quanto menos rígida ela for, menos os homens competentes, que têm uma reputação a conservar e proteger, serão tentados a colocar seus talentos à disposição da coletividade.

A tendência à frouxidão do direito da responsabilidade por difamação parece ser a causa da pobreza do debate político em vários países democráticos.

Mesmo na Inglaterra, onde os juízes tiveram a coragem de tomar uma posição firme, é preciso pesquisar muito longe no tempo para encontrar decisões protegen-

---

[64] Ver Fleming (1977, p. 579; p. 205).

do a reputação dos cidadãos contra a falta de contenção de uma crítica seguidamente apressada, até mesmo indigna da sociedade livre sob cujo nome ela procura se abrigar.

O aresto Campbell v. Spottiswoode (QB [1863] 122 ER 288), é onde, ao que parece, semelhante posição dos juízes ingleses foi proclamada de modo bastante claro. O Senhor Spottiswoode publicou, na *Saturday Review*, um artigo no qual acusava o Senhor Campbell de desonestidade, uma vez que algumas cartas foram publicadas no diário *Engin*, pertencendo a este último, no qual os leitores tinham sido convidados a subscrever assinaturas de um jornal que iria ser distribuído aos pagãos na China. O artigo dizia, com todas as letras, que a subscrição não era senão um pretexto para favorecer a circulação do jornal e beneficiar, destarte, o seu proprietário. O júri julgou procedente a ação de perdas e danos intentada. A Divisão do Banco da Rainha confirmou a decisão.

Lord Cockburn motivou a decisão aduzindo que as acusações eram manifestamente mal fundadas. O réu podia criticar os métodos empregados pelo autor. Podia talvez sugerir que a subscrição iria beneficiá-lo. Mas dizer que o autor somente queria se enriquecer através de um procedimento tão desonesto, ia além dos limites que lhe são reconhecidos pelo Direito. Foi dito que, no interesse da sociedade, a conduta pública de um cidadão pode constituir o objeto de crítica sem nenhuma outra limitação do que a crença honesta do autor na verdade daquilo que ele escreve. Mas parece que é também do interesse da sociedade preservar a reputação de um cidadão que se ocupa dos negócios públicos; e esses não podem ser dirigidos por homens honrados, sem outra preocupação que o bem-estar do país, se não sancionarmos os atentados sem nenhum fundamento às suas reputações.

O comportamento público de um cidadão, sempre segundo Lord Cockburn, presta-se freqüentemente à controvérsia. Seu detrator pode criticá-lo, desde que não ultrapasse os limites de um comentário honesto e bem fundado; mas o comportamento público de um cidadão não pode constituir o objeto de uma suspeita de desonestidade que não existe senão na imaginação de seu detrator.

O juiz Crompton, no mesmo caso, tornou mais precisa a posição da Corte, acrescentando que o artigo tinha ultrapassado os limites de uma crítica honesta. Seu autor não tinha o direito de passar esses limites imputando à vítima motivos sórdidos não corroborados pelos fatos.

É de se lastimar que esse gênero de decisões seja cada vez mais rara em nossos dias, onde a liberdade de imprensa tende a tornar-se um valor absoluto e a aniquilar conseqüentemente a reputação dos cidadãos, esta tendo-se tornado um ideal ultrapassado, até mesmo retrógrado.

O acórdão relatado demonstra pois a sensibilidade dos juízes ingleses ao problema da proteção da imagem do homem público contra as investidas de uma crítica freqüentemente apressada e desmesurada. Ele nos conduz à última condição do exercício do direito de crítica.

§ 3º - A honestidade do ponto de vista

Trata-se aqui de um limite à expressão do direito de crítica que não é fácil de ser compreendido com precisão.

De qualquer forma, é certo que a honestidade da crítica nada tem a ver com a aceitação do ponto de vista pelos "membros bem pensantes" da sociedade. Pouco importa o que um homem razoável pode pensar a respeito de um ponto de vista expressado. É a liberdade de expressão que importa.

Se o detrator é um homem honesto que expressou sua opinião sobre um assunto de interesse geral, então as imputações que sua opinião pode sugerir, até mesmo os exageros, os excessos de linguagem e as insinuações não têm nenhuma importância. Poderá sempre fazer valer a defesa de *fair comment*. O critério é a honestidade.

Não se deve deduzir disso que a livre expressão de um ponto de vista possa servir de pretexto para o ataque à reputação de cidadãos que têm o encargo dos negócios públicos. Em um sistema que ignora a noção de abuso de direito, não foi fácil encontrar uma solução de compromisso.

No aresto London Artists Ltd. v. Littler, que já estudamos, o Lord Justice Widgery tornou preciso, *obiter*, que o direito de crítica não pode servir de máscara às investidas ou às imputações pessoais que não têm nenhuma relação de pertinência com o assunto e nem estão corroboradas pelos fatos.

O problema - segundo Lorde Porter no aresto Turner v. Metro-Goldwyn-Mayer Pictures Ltd. (House of Lords [1950] I All ER 449) - não é o de saber se a crítica é justificada aos olhos do juiz ou do júri, mas o de distinguir a expressão honesta de um ponto de vista e o abuso caracterizado pelas investidas mascaradas sob o manto protetor do direito de crítica.

O critério mais difundido para responder à questão posta por Lorde Porter é o da ausência da intenção de prejudicar *(absence of malice)*.

Até 1906 (Tomas v. Bradbury, Agnew & Co. Ltd. [1906] II KB 627) era possível duvidar se a intenção de prejudicar era de natureza a afastar a defesa de *fair comment*. Mas depois daquela data ficou bem claro que a intenção de prejudicar *(malice)* pode ter por efeito o insucesso da defesa do direito de crítica como causa de exoneração da responsabilidade.

A prova da intenção de prejudicar constitui ônus do autor, o que lhe limita o alcance. Mas a hostilidade, até mesmo o desentendimento entre este e o lesante pode, de toda evidência, ser um bom indício do motivo pelo qual o detrator mobilizou-se para atacar a vítima.

A evicção da defesa de *fair comment*, por intermédio da prova da intenção de prejudicar *(malice)* do lesante, a aproxima da imunidade, uma outra causa de exoneração da responsabilidade que veremos mais adiante.

A aproximação é muito controvertida na doutrina inglesa. Foi considerada antes acadêmica do que prática[65]. De um modo geral, os autores opinam no sentido de que ela não transforma a defesa de *fair comment* em uma espécie de imunidade e que continua pois uma causa de exoneração *sui generis*, sendo que a razão está na circunstância de que a intenção de prejudicar não exclui a defesa do mesmo modo. Ela a torna desonesta, o que é contrário à sua própria natureza. Além disso, somente a intenção de prejudicar pode elidir a imunidade, como veremos, pois ela não é senão uma das situações capazes de comprometer a honestidade da crítica.

A separação entre as duas causas de exoneração da responsabilidade - a crítica honesta e a imunidade - se impõe na medida em que a imunidade somente existe quando se tratar de certas pessoas e de certos assuntos. O interesse geral, no Direito inglês, não é suficiente para caracterizar o objeto de uma imunidade. Ele não pode ser senão o fundamento de uma crítica que deve preencher, como tal, inúmeras condições para afastar a responsabilidade civil.

Essa situação serve de ponto de referência à diferença fundamental entre o Direito inglês de um lado e o Direito americano, de outro[66]. Na Inglaterra, o direito de crítica é submetido a um tríplice controle. A expressão direito de crítica somente abrange assuntos de interesse geral; estes devem estar fundado sobre fatos cuja prova da verdade é necessária; enfim, deve ser exercido de modo honesto. Nos Estados Unidos, o direito de crítica repousa sobre uma garantia constitucional e a única condição requerida é a boa-fé do detrator. O interesse geral justifica a liberdade de expressão, mesmo às expensas da reputação dos cidadãos.

---

[65] His honesty is the cardinal test (*Winfield and Jolowicz on Tort*, op. cit., p. 308).

[66] Merivale v. Carton, por Bowen, citado por *Salmond and Heuston on the Law of Torts* (op. cit., p. 169, nota 96).

A noção de boa-fé é também utilizada no Direito francês. Mas é certo que este é, de longe, muito mais rígido, notadamente em relação à imprensa, que o Direito americano.

Em primeiro lugar, no Direito francês a má-fé do difamador é presumida. O Direito pressupõe a sinceridade, a finalidade lícita, a proporcionalidade em relação ao fim lícito, enfim, a prudência. A liberdade de informação termina onde a difamação começa (Dumas, 1981, p. 425). Os jornalistas, em semelhante condição, devem agir com muita contenção no exercício de sua profissão. A mesma contenção, pode-se dizer, que é requerida em todas as profissões.

Voltando ao Direito anglo-americano, é preciso observar uma vez mais que na Inglaterra o interesse geral não é suficiente para justificar uma imunidade, ainda que relativa. De um lado, não se quis conceder à imprensa uma confiança muito extensa, muito grande. De outro, os grupos ligados à imprensa não foram tão fortes na Inglaterra quanto nos Estados Unidos.

Após assinalar que nos Estados Unidos a imprensa tinha muito menos poder do que na França, e fundamentando de forma admirável as razões, Tocqueville (1981, v.1, p. 271) ilustrou essa circunstância cujo alcance parece ser muito mais marcante na América do que alhures:

"Reduzida a seus próprios recursos, a imprensa exerce ainda um imenso poder na América. Ela faz circular a vida política em todas as porções deste vasto território. Seu olho sempre aberto coloca sem cessar a nu todos os segredos vinculados à política e força os homens públicos a comparecer diante do tribunal da opinião [...] No momento em que um grande número de órgãos da imprensa consegue marchar na mesma direção, sua influência torna-se com o tempo quase irresistível, e a opinião pública, atingida sempre do mesmo lado, acaba por ceder a seus golpes. Nos Estados Unidos, cada jornal tem individualmente muito pouco poder; mas a imprensa periódica é ainda, após o povo, o primeiro dos poderes."

É preciso, pois, não se surpreender com o fato de que o Direito da responsabilidade civil por difamação traz a impressão digital dessas circunstâncias.

Em algumas situações, entretanto, a liberdade de expressão na Inglaterra supera incontestavelmente a proteção da reputação.

SEÇÃO III - AS IMUNIDADES

Além da exceção da verdade e da defesa de *fair comment*, o Direito inglês conhece a título excepcional uma outra causa de exoneração da responsabilidade. Algumas situações jurídicas exigem um regime jurídico derrogatório, levando em conta a importância que o Direito reconhece à liberdade de expressão, algumas vezes mesmo em detrimento da proteção da reputação. Em outras palavras, em algumas situações, a liberdade de expressão deve prevalecer, pois, no interesse da sociedade, é preciso que os cidadãos possam se expressar sem nenhum receio de serem sancionados.

Ao extremo, não se poderia sequer falar em causa de exoneração da responsabilidade, uma vez que esta nem mesmo existe. Talvez seja preciso tratar esse gênero de situações no campo da ausência de responsabilidade. Para que haja exoneração, é preciso, naturalmente, que antes se possa subsumir a situação jurídica no domínio da responsabilidade civil e que posteriormente se possa excluí-la graças a uma causa qualquer que exonere o lesante da aplicação da sanção civil. Ora, no domínio da imunidade, a sanção civil sequer é imaginável, o que implica em ausência da responsabilidade e não em exoneração propriamente dita. Mas essa questão sofre o risco de ser considerada, a justo título aliás, como uma querela de palavras, que é preciso a todo preço evitar. No Direito inglês, duas espécies de imunidades devem ser consideradas: a imunidade absoluta (§ 1º) e a imunidade relativa (§ 2º).

§ 1º - A imunidade absoluta

A imunidade absoluta *(absolute privilege)* consiste em excluir a responsabilidade por difamação em situações tão extraordinárias que nenhuma limitação de ordem jurídica poderia restringir a liberdade de expressão. E o caráter excepcional da situação jurídica que justifica, de alguma maneira, a derrogação do direito comum. Ela não deve portanto existir senão em situações muito particulares. Tomando por exemplo a hipótese das comunicações que se estabelecem entre o advogado e seu cliente: seria até mesmo ridículo que, nesse tipo de relação, o receio de atingir a reputação de terceiro pudesse impedir um e outro de se expressar livremente.

Essa questão, entretanto, não foi considerada tão evidente no Direito inglês, uma vez que em dois acórdãos diferentes, a *Court of Appeal* decidiu que a imunidade era absoluta (More v. Weaver [1928] II KB 522), enquanto a Câmara dos Lordes preferiu esquivar a questão de saber se a imunidade era absoluta ou relativa (Minter v. Priest [1930] AC 558).

A Comissão Faulks para a reforma do direito da responsabilidade civil por difamação recomendou o caráter absoluto da imunidade nas relações cliente-advogado (Cmnd. 5909 [1975], § 183).

O mesmo ocorre no que diz respeito às comunicações entre o marido e a mulher, por exemplo, ou entre o pai e a filha quando se relacionarem com as qualidades de seu noivo. Os dois casos mais evidentes e os mais importantes ao mesmo tempo dizem respeito à imunidade parlamentar de um lado e à imunidade judiciária de outro. O fundamento jurídico é sempre o mesmo.

Não seria razoável que nos debates parlamentares ou judiciários o risco de ultrapassar os limites da liberdade de expressão pudesse ser de natureza a não permitir uma discussão com toda a liberdade dos assuntos em pauta.

A imunidade parlamentar é seguramente a mais antiga. Foi prevista originalmente pela Declaração dos Direitos de 1688 *(Bill of Rights)*: "A liberdade de expressão nos debates e nos arrazoados que tiverem lugar nos Parlamentos não podem ser questionados por nenhuma jurisdição que se situe fora do próprio Parlamento". Essa imunidade parlamentar somente existe no momento em que os membros do Parlamento se expressam por ocasião dos debates que têm lugar em seu interior.

O parlamentar deve se cuidar para não repetir o que disse nessa ocasião, quando estiver fora do Parlamento. Entretanto, o que foi declarado por ocasião de um debate parlamentar não pode ser trazido à colação em uma ação por difamação versando sobre ofensas à reputação não protegida pela imunidade.

O caso Church of Scientology of Califoria v. Johnson-Smith ([1972] IQB 522; [1972] I All ER 378) constitui a prova: o Senhor Johnson-Smith, um parlamentar, tinha difamado a vítima durante uma entrevista televisada. Em sua defesa, o primeiro alegou a crítica honesta *(fair comment)* e a imunidade *(privilege)*. A questão era de saber se os debates poderiam ser utilizados a título de prova da intenção de prejudicar *(malice)* por parte do difamador. A Corte da Divisão do Banco da Rainha pronunciou-se, por intermédio do Justice Browne, no sentido de que tudo aquilo que foi dito ou feito no Parlamento não poderia ser levado em consideração no litígio.

Este aresto demonstra o alcance da imunidade parlamentar na Inglaterra. É preciso lembrar que essa imunidade foi produto de uma longa e difícil rivalidade entre o poder real e o Parlamento, que a história decidiu em favor do último. Os tribunais teriam muita dificuldade em se imiscuir na atividade parlamentar sob qualquer forma que fosse.

Consoante a lei sobre os documentos parlamentares de 1840 (The Parliamentary Papers Act), a imunidade absoluta alcança também a documentação impressa sob os auspícios de uma das duas casas do Parlamento. O âmbito de aplicação da referida imunidade foi recentemente alargado pelo artigo 9º da lei sobre a difamação de 1952 (Defamation Act). A partir daquela data, a radiodifusão da atividade parlamentar encontra-se também abrangida pelo âmbito da proteção.

A imunidade absoluta protege também as comunicações entre os membros do governo. Essa imunidade teve sua origem na *Common law*. O aresto Chatterton v. Secretary of State for India (Court of Appeal [1895-9] All ER 1035) demonstra o cuidado das cortes inglesas em respeitar a maior liberdade possível nas relações entre as autoridades governamentais.

A fim de permitir ao subsecretário para a Índia junto ao Parlamento responder a uma questão formulada pela Câmara dos Comuns, o Secretário de Estado o informou acerca do comportamento do Senhor Chatterton, um funcionário exercendo suas atividades na Índia.

A ação de difamação intentada por esse funcionário foi considerada improcedente, sob a alegação de que o inquérito junto ao governo seria vexatório para o poder judiciário. O apelo à *Court of Appeal* não foi conhecido. O presidente da corte (*Master of the Rolls*), Lord Esher, esclareceu a *ratio decidendi* da seguinte forma: a ação não pode ser conhecida na medida em que um inquérito judiciário tiraria da administração a liberdade de ação necessária, posto que o administrador seria obrigado a se apresentar diante de um júri e ser, conseqüentemente, interrogado a propósito de seu comportamento. Isso não parece razoável, tendo-se em conta o interesse público.

Além da imunidade absoluta, a administração inglesa pode também refutar a divulgação de certas categorias de documentos[67].

---

[67] Para uma comparação entre o Direito inglês e o americano sobre os limites da crítica honesta, ver Fleming (1977, p. 579; p. 205).

A imunidade absoluta mais abrangente é reservada aos debates judiciários no interesse de uma melhor administração da prova. Alcança não apenas as declarações dos juízes e dos advogados, mas também dos jurados e das testemunhas.

O que caracteriza a imunidade absoluta é que ela exonera o pretenso difamador da responsabilidade civil, abstração feita de qualquer outra consideração. Diferentemente ocorre para a imunidade apenas relativa.

§ 2º - A imunidade relativa

À diferença da imunidade absoluta, a imunidade relativa não constitui o objeto de uma hipótese tão precisa e definida preliminarmente. É preciso pois pesquisar nos precedentes os exemplos que podem servir à formulação de uma regra geral. Certas leis pontuais, entretanto, reconhecem a imunidade em situações bastante mais claras.

A. *A noção de imunidade relativa.* A noção de imunidade relativa é suscitada por situações jurídicas que se encontram a meio caminho entre os casos de Direito comum e as hipóteses excepcionais que ensejam uma ausência total de responsabilidade.

Em outras palavras, pode ocorrer que na vida cotidiana haja situações em que a liberdade de expressão deva ainda se produzir sem muito receio de atingir a reputação de outrem, com a reserva de quem a utiliza não pode dela abusar.

De um modo geral, trata-se de declarações feitas de forma honesta por ocasião do cumprimento de um dever de ordem legal ou de ordem moral. Esse gênero de situações pode-se encontrar por ocasião do exercício de uma profissão ou da gestão de negócios privados (Salmond and Heuston, 1981, p. 155).

No caso Beach v. Freeson (QB [1971] II All ER 859), um parlamentar denunciou junto à *Law Society* e junto ao Lord Chanceler, alguns advogados associados *(solicitors)*, dando seguimento às queixas que lhe foram trazidas por clientes dos ditos *solicitors*. A questão era de saber se a acusação poderia ser protegida pela imunidade relativa, uma vez que ela foi pronunciada fora do Parlamento. A Corte da Divisão do Banco da Rainha, por intermédio do Justice Geoffrey Lane esclareceu que os parlamentares têm simultaneamente o interesse e o dever de comunicar a quem de direito, a requerimento dos litigantes, uma queixa tendo por objeto a conduta profissional de um homem cujo trabalho é de interesse público. Além disso, trata-se de uma prática corrente entre os membros do Parlamento. A comunicação ao Lord Chanceler foi justificada pela Corte de um modo mais sutil. O comportamento dos *solicitors* diz respeito ao Lord Chanceler, na medida em que eles são titulares em potencial de funções judiciárias *(potential holders of judicial office)*. Além disso o Lord Chanceler tem interesse no modo pelo qual os litigantes são representados em juízo.

Ao revés, no aresto Watt v. Longsdon, a *Court of Appeal* ([1929] All ER 284) teve de se pronunciar sobre uma espécie que pode bem ilustrar uma situação que não deve, em nenhum caso, ser qualificada como imunidade relativa. O Senhor Longsdon, síndico de uma companhia escocesa de petróleo, recebeu de um Senhor denominado Browne, executivo da administração da companhia em Casablanca, uma carta na qual este dizia que o Senhor Watt, no caso o diretor, coabitava há dois meses com a empregada, que era descrita, sempre na mesma carta, como uma mulher velha, surda, quase cega, com os cabelos pintados. A carta imputava também ao acusado o fato de ter tentado seduzir Madame Browne. O Senhor Longsdon, não contente em fazer chegar a carta ao presidente da companhia, expediu por igual uma cópia a Madame Watt. A conseqüência foi, como se pode imaginar, a separação do casal em uma ação de divórcio. O juiz considerou as comunicações protegidas pela imunidade relativa. A *Court of Appeal*

A responsabilidade civil por difamação no Direito inglês 111

julgou procedente a apelação do autor. O Lord Justice Scrutton considerou a questão extremamente delicada no momento em que se coloca a questão referente às circunstâncias nas quais a pessoa tem o direito de fazer chegar a um dos cônjuges as infrações matrimoniais *(matrimonial delinquencies)* de seu consorte.

O que deve ser sinalado neste aresto relatado diz respeito às considerações de ordem geral, os *obiter dictae*, provados pelo magistrado inglês. No Direito inglês, sob a reserva do abuso e da intenção de prejudicar, há situações nas quais é possível fazer declarações difamatórias imputando a outrem fatos que não são verdadeiros sem que se possa considerar o autor responsável. Na medida em que essas declarações são feitas de um modo honesto por ocasião de uma situação privilegiada, seu autor é protegido pelo direito que leva em consideração o interesse da sociedade em geral.

Para que esse gênero de situações privilegiadas possa ser assim qualificado, a jurisprudência exige ao menos uma das três circunstâncias seguintes:

a) a existência de um dever jurídico ou moral de comunicar a situação a outrem;

b) a comunicação da declaração difamatória deve ser feita de forma honesta por ocasião de uma situação em que seu autor se encontra de alguma forma constrangido a fazê-la, levando-se em conta as circunstâncias;

c) a declaração difamatória diz respeito aos negócios do autor e um interesse legítimo qualquer está em jogo.

O dever moral de comunicar é aquele reconhecido como tal pelo inglês médio, abstração feita da existência de uma sanção civil ou penal.

Mas não é suficiente que o autor da difamação tenha o dever de comunicá-la a outrem. Ainda é preciso que este último tenha necessidade de conhecer o conteúdo da declaração.

Na espécie, havia o dever de transmitir a carta contendo as difamações ao presidente da companhia, mas jamais à mulher do autor. O Lord Justice Grer foi ainda mais claro quando argumentou que nenhum homem razoável, na situação do réu, um amigo do autor, tinha o direito de transmitir à mulher dele as terríveis acusações que figuravam na carta do Senhor Browne.

À parte a jurisprudência, algumas leis tornaram mais precisas as situações jurídicas concernentes à noção de imunidade relativa. É o caso da lei sobre a difamação permanente de 1888 *(The Law of Libel Amendement Act)*, artigo 3º, que dispõe sobre os relatos honestos e precisos da imprensa escrita sobre os litígios em curso diante das jurisdições judiciárias. Essa imunidade foi estendida de um lado à radiodifusão desses relatos sobre os casos judiciais, e foi restringida, de outro, unicamente aos casos de competência das jurisdições inglesas, pelo artigo 8º da lei sobre a difamação de 1952.

Entretanto, no aresto Webb v. Times Publishing Co. Ltd. (QBD [1960] II All ER 789), a jurisprudência teve ensejo de se pronunciar sobre o relato de um caso criminal diante de uma jurisdição suíça envolvendo um cidadão britânico. Nessa ocasião a Corte da Divisão do Banco da Rainha esclareceu que o trabalho do diário *The Times* era do interesse da justiça inglesa e dos leitores ingleses, razão pela qual era protegido pela imunidade, não obstante os riscos eventuais de difamação, que são característicos nos relatos concernentes aos processos de competência das jurisdições estrangeiras.

Esse acórdão foi recentemente invocado em apoio à tese segundo a qual dever-se-ia reconhecer à imprensa uma imunidade relativa no que concerne às informações de interesse geral (Denning, 1982, p. 214), o que é no mínimo excepcional no Direito inglês.

As partes I e II de um anexo a essa mesma lei sobre a difamação de 1952 enumeram todas as matérias susceptíveis de serem relatadas pela imprensa sob a proteção da imunidade relativa. De um lado, pode-se encontrar, além dos relatos judiciários, os que dizem respeito às atividades parlamentares e governamentais, e de outro,

A responsabilidade civil por difamação no Direito inglês 113

os que têm por objeto as deliberações e as decisões das associações culturais, religiosas, profissionais e esportivas.

Deve-se sublinhar, notadamente, que a lei não reconhece à imprensa senão uma imunidade muito restrita. Pretende-se evitar dessarte que o interesse geral que esta reclama possa ser considerado como uma porta aberta a propósitos agressivos ou mesmo difamatórios.

A questão de reconhecer a imunidade relativa à imprensa de um modo geral foi estudada pela Comissão Faulks para a reforma do direito da responsabilidade civil por difamação, uma vez que as condenações a indenizações elevadíssimas, que constituem prática corrente na Inglaterra, podem ser consideradas como particularmente embaraçosas para a administração financeira dos órgãos da imprensa. A posição da Comissão não podia ser mais clara: a imprensa deve obedecer às obrigações do Direito comum. Não há nenhuma razão de reconhecer um estatuto particular aos jornalistas (Pitt, 1976, p. 191).

Como já sinalamos, essa circunstância separa radicalmente o Direito inglês do Direito americano. Na Inglaterra, quando uma situação não pode ser qualificada como de imunidade, não resta à imprensa senão a defesa do *fair comment*, cujo conteúdo já estudamos na Seção II deste capítulo. Mas da mesma forma que esta, a defesa de imunidade não é sem limites.

B. *A intenção de prejudicar*. À diferença da defesa de *fair comment*, a imunidade relativa tem por efeito a inversão do ônus da prova: não é mais ao réu que se deve impor o dever de estabelecer o caráter honesto de seu comportamento, mas inversamente predica ao autor o fato de trazer a prova de que aquele teria agido com propósitos maledicentes sob o manto da imunidade. A presunção de boa-fé não é senão relativa. Certamente o autor pode provar a intenção de prejudicar (*malice*) do lesante. A noção de intenção de prejudicar se aproxima da de abuso de direito dos juristas franceses. Trata-se de tirar partido de uma situação jurídica protegida pelo Direito para atingir deliberadamente a reputação da vítima.

No acórdão Beach v. Freeson, que já relatamos, a jurisprudência teve o ensejo de se pronunciar sobre a noção de intenção de prejudicar. Esta se caracteriza pela existência de *arrières-pensées* indiretos. Dito de outra forma, trata-se da vontade por parte do difamador de utilizar a situação privilegiada para propósitos incompatíveis com a finalidade em função da qual o Direito reconheceu a imunidade. Esta finalidade, na intenção de prejudicar, é de alguma forma desviada.

O aresto Horrocks v. Lowe (House of Lords [1974] I All ER 662) demonstra o modo pelo qual a jurisprudência inglesa torna prática a noção de *malice*. O Senhor Lowe, conselheiro municipal pertencente ao Partido Conservador, intentou uma ação de indenização contra o Senhor Horrocks, sob a alegação de que este, que pertencia ao Partido Trabalhista, o havia difamado durante uma sessão do Conselho Municipal. O júri decidiu que a situação caía sob o manto protetor da imunidade relativa, mas que o lesante tinha agido com a intenção de prejudicar. A Câmara dos Lordes decidiu o caso de modo diferente, no momento em que confirmou o acórdão da Corte de Apelação que desautorizava o anterior pronunciamento do juiz singular. Segundo Lord Diplock, em semelhantes circunstâncias, a caracterização da intenção de prejudicar é muito simples: será que o réu não acreditava seriamente na verdade daquilo que disse? Estava ele consciente da falsidade de sua declaração ou isso lhe era indiferente? Na espécie, a única prova trazida perante o juiz era o discurso pronunciado pelo réu e o depoimento feito pelo próprio Senhor Lowe. Dito isso, a intenção de prejudicar não foi de nenhuma forma provada.

A Comissão Faulks propôs uma noção mais restrita da intenção de prejudicar: tratar-se-ia da utilização de uma situação que enseja imunidade para dela tirar proveito de modo condenável (Pitt, op. cit., p. 192).

Quando se trata de uma responsabilidade em comum (*joint liability*), a questão que se coloca é a de saber se a prova da intenção de prejudicar deve ser estabelecida com respeito a todos os responsáveis em comum (*joint tort feasors*) ou se, ao contrário, a prova contra um deles é suficiente para que os outros sejam também condenados. O caso Egger v. Viscount Chelmsford (Court of Appeal [1964] III All ER 406) sinala, ao que parece, uma modificação da jurisprudência nesse particular.

Em um caso de responsabilidade em comum por difamação (*joint liability*), o Presidente da *Court of Appeal*, Lorde Denning, deixa claro que o autor da demanda pode intentar uma ação contra qualquer responsável em comum, mas que no Direito inglês ninguém pode ser condenado à reparação do dano sem que seja demonstrado que seu autor ou responsável (*vicarious liability*) tenha agido de forma ilícita. Salvo essa hipótese, cada réu pode opor ao autor sua própria defesa. Se este procura provar a intenção de prejudicar, seja para agravar as perdas e danos ou para caracterizar a crítica como desonesta, seja para evencer a imunidade relativa, ele deve comprová-la em relação a cada responsável.

Como foi sublinhado por Lorde Denning, a intenção de prejudicar pode também ter conseqüências no que diz respeito ao cálculo das perdas e danos.

Uma vez examinadas as condições e as causas de exoneração da responsabilidade civil por difamação, é tempo agora de examinar seus efeitos.

CAPÍTULO QUARTO

Os efeitos da responsabilidade civil por difamação

Os efeitos da responsabilidade civil por difamação no Direito inglês apresentam também inúmeras particularidades aos olhos dos juristas continentais.

Inicialmente é preciso sinalar que a condenação a perdas e danos[68] é de longe o efeito mais difundido. O Direito inglês ignora o direito de resposta quando se tratar de difamação pela imprensa. A Comissão Faulks para a reforma do direito da responsabilidade civil rejeitou esse remédio, esclarecendo que o direito de resposta pode permitir à vítima, mesmo na hipótese em que ela não o mereça, de constranger um órgão de imprensa a exaltar suas virtudes inexistentes. Donde a crítica do professor Weir, segundo a qual o sistema inglês não permite à vítima de uma difamação de restabelecer sua reputação, porque, ainda que ela tenha sucesso em obter perdas e danos consideráveis, pode-se sempre ter o sentimento de que a decisão que lhe foi favorável é devida à circunstância de o réu não ter logrado êxito na prova dos fatos imputados (Weir, 1979, p. 442).

A conseqüência jurídica, de longe a mais importante, é portanto a reparação do dano (Seção II); mas o

---

[68] Conway v. Rimmer [1968] I All ER 874, citado por Hepple & Matthews (op. cit., p. 556).

A responsabilidade civil por difamação no Direito inglês 117

Direito inglês permite algumas vezes a sua prevenção, por intermédio de uma *injunction* (Seção I). As perdas e danos "exemplares" (Seção III) situam-se na fronteira da responsabilidade civil com a responsabilidade penal. Um amplo estudo lhe será dedicado.

SEÇÃO I - A PREVENÇÃO DO DANO

Já observamos que o Direito inglês da responsabilidade civil, em geral, como também o da responsabilidade civil por difamação, em particular, foi criado e se desenvolveu ao longo dos anos por obra das jurisdições reais. Ele pertence, por conseqüência, quase que inteiramente à *Common law,* e recebeu da *Equity* pouca influência.

O procedimento da *injunction* foi criado, historicamente, pela corte da Chancelaria, e tem por finalidade uma maior eficiência na aplicação do direito, quer se trate de determinar ou de proibir um comportamento determinado. Nesse sentido, as *injunctions* podem ser proibitivas *(prohibitory injunctions)* ou compulsórias *(mandatory injunctions).* Elas podem ainda ser deferidas durante o curso do processo *(interlocutory injunction),* como também na decisão judiciária final *(perpetual injunction)* (Willians & Hepple, 1976, p. 61).

A lei sobre a magistratura de 1873 *(Judicature Act),* que unificou as jurisdições reais da Corte de Chancelaria, fundindo assim a *Common law* e a *Equity,* permitiu à divisão do Banco da Rainha, do mesmo modo que à divisão da Chancelaria, deferir, caso necessário, esse remédio jurídico discricionário. Sua aplicação no campo da responsabilidade civil por difamação não pode de forma alguma ser negligenciado.

Em princípio, a *injunction* não pode ser deferida no momento em que as perdas e danos constituem o remédio mais adequado; mas em nossos dias, as *injunctions* são tão freqüentes na prática judiciária que podemos nos perguntar se a exceção não se tornou a regra (ibidem, p. 62).

Do mesmo modo que a *injunction* deixou de ser uma sanção exclusiva da *Equity*, a Corte da Chancelaria, a seu turno, foi autorizada pela *Lord Cairns's Act* de 1858 a condenar o réu a perdas e danos - originalmente um remédio exclusivo da *Common law* - em lugar das *injunctions*.

O procedimento da *injunction* é reservado às situações jurídicas em que há ameaça de um dano particular ou de sua repetição. Na primeira hipótese, uma *injunction quia timet* pode, caso necessário, ser deferida ao autor, mas, como foi sublinhado por Lorde Dunedin, "ninguém pode obter uma 'injuncition quia timet', alegando simplesmente 'timeo'" (ibidem, p. 63).

As duas hipóteses podem ocorrer no campo da responsabilidade civil por difamação. É preciso entretanto observar que uma *injunction quia timet* não é deferida no Direito inglês no momento em que o réu pode excepcionar com uma defesa de crítica honesta no interesse geral *(fair comment on matters of public interest)*. Essa solução diz respeito, de modo particular, à liberdade de informação através da imprensa.

É preciso ainda ressaltar que esse modo de prevenir o dano é encarado com muita desconfiança, uma vez que pode ser considerado de alguma forma como uma espécie de censura mascarada em detrimento da liberdade de expressão (Fleming, 1977, p. 583, nota 33). No direito americano, as *injunctions* são consideradas como proibidas pela primeira emenda *(First Amendment)* à Constituição, que assegura a liberdade de expressão (ibidem).

Além disso, a jurisprudência inglesa não defere uma *injunction* senão quando as condições desta surgem de forma evidente. Isto deriva, indubitavelmente, do caso Monson v. Tussauds, Ltd. (Court of Appeal [1981-4] All ER 1051), do qual já nos ocupamos. O Senhor Monson havia requerido uma *interlocutory injunciton* tendo por finalidade a interdição da exposição de sua imagem em cera, e a *Court of Appeal*, por intermédio do Lord Justice Lopes, tinha decidido que o deferimento de uma *injunction* era uma decisão delicada, uma vez que, afinal, ela decorria da questão de saber se houve ou não difamação, o que em última análise cabe ao júri decidir. A *injunction* somente pode ser deferida em casos bastante evidentes.

O que mais conta, no Direito inglês, é a reparação do dano através da condenação em perdas e danos em favor da vítima. Essa reparação do dano pode apresentar, como teremos ocasião de sublinhar, um caráter preventivo.

SEÇÃO II - A REPARAÇÃO DO DANO

À diferença de que se passa na França, a responsabilidade civil é a conseqüência de longe a mais importante na Inglaterra. Ela pode servir não apenas para reparar o dano, mas também, caso necessário, a sancionar mais severamente seu autor, de modo a dissuadir no futuro a repetição de outros ilícitos tendo por objeto a ofensa à reputação.

Examinaremos, em um primeiro tempo, o modo pelo qual o montante da indenização é calculado (§ 1º). Considerando que esse montante é freqüentemente muito elevado e que a responsabilidade em comum é bastante ampla, convém analisar, em seguida, as condições previstas para que o lesante, a imprensa em particular, possa atenuar sua responsabilidade bastante pesada (§ 2º).

§ 1º - A condenação em perdas e danos

A condenação em perdas e danos em favor da vítima é a sanção quase que exclusiva da responsabilidade civil por difamação na Inglaterra, levando em conta que a utilização da responsabilidade penal é rara e que as condições da *injunction*, enquanto meio de prevenção do dano, são bastante limitadas.

A avaliação do montante das perdas e danos pode abranger, desde a indenização simbólica *(contemptuous damages)* de meio *penny*, até as perdas e danos "exemplares" *(exemplary damages)*, de milhares de libras esterlinas *(Salmond and Heuston*, 1981, p. 528).

Em geral, todos os aspectos são levados em consideração pelo júri no momento em que o montante da indenização é calculado. O comportamento do autor do dano, particularmente o grau de sua culpa, a apreciação da reputação da vítima e a extensão do dano são os critérios mais utilizados, tanto para agravar, quanto para diminuir a soma acordada a título de indenização.

O júri tem pois a competência de decidir sobre avaliação do montante da indenização. A jurisprudência demonstra que, freqüentemente, as cortes inglesas têm dificuldade em fazer suas decisões substituir as do júri, tanto mais que este é considerado como tribunal constitucionalmente competente na matéria (Cassel Ltd., v. Broome, House of Lords [1972] I All ER 801). Elas somente o fazem no momento em que as perdas e danos lhes parecem manifestamente excessivas (Levis v. Daily Telegraph Ltd., House of Lords [1963] II All ER 151)[69], ou, ao contrário, completamente insignificantes.

As duas decisões mais importantes em ações de difamação, a saber, que consiste em dizer se houve ou não difamação e concernente à avaliação da indenização, competem pois ao júri, e não são objeto de reforma pelas cortes superiores senão quando elas ultrapassam largamente o senso da medida e da proporção.

Nessas condições, não é fácil sistematizar o modo pelo qual as perdas e danos são avaliadas na Inglaterra. A dificuldade é, portanto, de ordem bem diferente da

---

[69] Observe-se que na língua inglesa a palavra *damage* significa dano, enqüanto a expressão *damages*, no plural, se traduz por perdas e danos.

existente no Direito francês, em que a jurisprudência é extremamente lacônica para que se possa apreender todos os aspectos da espécie, sobretudo a motivação concernente ao montante das perdas e danos acordados à vítima (David, 1980, p. 165).

Entretanto, é absolutamente certo que o montante das perdas e danos geralmente acordadas na Inglaterra ultrapassa largamente ao das decisões judiciárias francesas. É por isso que fazemos alusão, freqüentemente, a essa particularidade, nos arestos relatados.

É preciso também notar que a prática de condenação a perdas e danos simbólicas de um franco, muito difundida na França, é raríssima na Inglaterra. As perdas e danos simbólicas *(contemptuous damages)* de meio *peny*, (menor moeda do reino)[70] parecem ser reservadas tanto às ações com caráter meramente declaratório, quanto às ações por difamação nas quais a reputação da vítima não merece senão uma reparação insignificante. Elas são pouco freqüentes fora da responsabilidade civil por difamação e usadas somente quando a vítima logrou sucesso em estabelecer e provar o caráter difamatório da declaração, ainda que sua reputação seja insignificante (Williams & Hepple, 1976, p. 53).

Porque o júri é o tribunal competente na matéria, semelhante concepção de perdas e danos simbólicos traduz o sentimento do público em geral. Com efeito, parece que o público tem o sentimento de que no momento em que alguém foi condenado a meio *peny* ou a um franco, a título de perdas e danos, é porque a reputação da vítima não merece muito. No Direito francês, em que a competência para pronunciar semelhante condenação pertence a juízes profissionais, o sentido técnico da indenização e o sentimento do público leigo se afastam, ao que parece.

Na Inglaterra, a condenação a perdas e danos simbólicas suscita problemas de outra natureza. É que as

---

[70] Ver 2.1.1.

custas judiciais são muito elevadas nesse país, o que implica uma espécie de vitória de Pirro para a vítima, que não obtém senão meio peny para compensar a ofensa a sua reputação. Ainda mais que, convém lembrar, as ações de difamação não são protegidas pela assistência judiciária.

Um exemplo desse aspecto do Direito inglês é relatado pelos professores Hepple e Matthews (1974, p. 570): o Senhor Dering, um antigo detento em Auschwitz, que realizou experiências médicas sob pressão dos nazistas, intentou uma ação tendo por objeto a publicação do romance *Exodus*, escrito pelo Senhor Léon Uris. O júri condenou os réus, o escrivão e o editor, a indenizar a vítima com meio *penny*, demonstrando assim desaprovar o comportamento do réu, muito embora o autor tenha podido provar o caráter difamatório da declaração. As custas judiciais foram fixadas em nada menos que 20.000 libras esterlinas, das quais 6.000 a cargo do editor. Não é difícil dar-se conta de que, em tais circunstâncias, as ações de difamação são reservadas somente àqueles que têm suficientes meios financeiros.

Do outro lado do leque, as perdas e danos "agravadas" *(aggravated damages)*, que aumentam sensivelmente o montante da indenização, são reservadas às situações jurídicas em que o comportamento do lesante constitui o aspecto mais importante da questão. Trata-se de situações em que este se conduziu de forma abominável em relação à vítima ou, então, conseguiu atingir, além de sua reputação, seus sentimentos e a sua dignidade (Rookes v. Bernard, House of Lords [1964] I All ER 367). Teremos ocasião de voltar a esse assunto quando tratarmos das perdas e danos "exemplares" *(exemplary damages)*.

O mais importante a observar são as causas da formidável desproporção que se observa na França e na Inglaterra no que respeita ao montante da soma acordada a título de compensação por ofensas à reputação.

A explicação dessa disparidade flagrante ultrapassa o campo da simples distinção de técnicas jurídicas.

A responsabilidade civil por difamação no Direito inglês

Ela não pode ser explicada senão pela diversidade de concepções morais existentes nos dois países aludidos. A proposição está bem fundamentada para que possa ser posta.

A moral é, indubitavelmente, a tela de fundo da responsabilidade civil, notadamente, da que se refere aos assim chamados danos morais.

Já sinalamos que Ripert (1949, p. 224) entende a responsabilidade civil como a "determinação e a sanção legal da responsabilidade moral". O professor David, (1980, p. 166; 1982, p. 5), a seu turno, sublinha que o povo francês teria dificuldades em requerer perdas e danos consideráveis para compensar um dano moral. E, voltando ainda uma vez a uma de suas formas preferidas, observa que o Direito não pode estar separado em sua aplicação das considerações extrajurídicas.

Parece pois evidente, que a disparidade das técnicas jurídicas não é de natureza a explicar, por si só, a desproporção do montante das perdas e danos deferidas à vítima de um dano moral pelas justiças inglesas e francesas.

É preciso voltar à origem das ações por difamação, à história do Direito inglês, para perceber a profunda separação que se processou entre as civilizações inglesa e francesa, e que teve inúmeras conseqüências no domínio jurídico, principalmente no da responsabilidade civil por difamação. Essas ações surgiram na Inglaterra graças à criação de um novo *writ - the action upon the case* - e ao declínio das cortes eclesiásticas, as únicas competentes até então para decidir dos litígios decorrentes de ofensas à reputação. Mas tudo isto, como já observamos (capítulo primeiro), não foi senão a conseqüência de uma formidável transformação política e moral, devida à ruptura com a moral católica e ao questionamento de todos os valores pelos reformadores de Oxford.

Essa diferença, notadamente no que se refere à proporção das perdas e danos, na França e na Inglaterra, não decorre somente do emprego de técnicas jurídicas diversas, mas também e sobretudo da disparidade das concepções morais, bastante evidentes entre a ética católica e a ética anglicana.

O caráter elevadíssimo das perdas e danos na Inglaterra representa de certa forma uma espada de Dâmocles, notadamente sobre os órgãos de imprensa. Foi preciso, por isso, encontrar um meio para, sob certas condições, atenuar a responsabilidade deles.

§ 2º - A atenuação da responsabilidade

Já vimos que no Direito inglês as condições da responsabilidade por difamação são bastante estritas, no sentido de que não exigem que fiquem forçadas a culpa do autor do dano, que na hipótese de *libel* e em alguns casos de *slander*, é presumido.

Por igual, tivemos a ocasião de assinalar que cada repetição da declaração difamatória enseja uma nova ação de indenização e que quem quer que tenha participado, seja qual for a forma, da divulgação de dita declaração, é considerado também responsável.

·Nessas condições, a liberdade de informação através da imprensa, em particular, pode estar consideravelmente ameaçada.

Dois fatores entretanto contribuíram para atenuar, de modo mais ou menos eficaz, o rigor do Direito inglês nessa matéria.

Inicialmente, a prática do contrato de seguro é muito difundida na Inglaterra no domínio da responsabilidade civil por difamação. O artigo 11 da Lei sobre a difamação de 1952 (Defamation Act) dispõe, entretanto, que o contrato de seguro tendo por objeto a responsabilidade por difamação não é válido senão quando se tratar de difamação involuntária (unintentional defamation). Também a estipulação segundo a qual o segurado também é responsável, em caso de difamação, por parte das perdas e danos, é bastante flagrante na Inglaterra (Hepple & Matthews, 1974, p. 549).

O mais importante meio de atenuar a responsabilidade do lesante é o previsto pela lei sobre a Difamação

Permanente de 1843 *(Libel Act)* que, em seus dois primeiros artigos, disciplina o procedimento do oferecimento de escusas *(offer of an apology)*. Nas ações em difamação, com vistas à atenuação de sua responsabilidade, o réu pode provar que solicitou escusas ao réu antes do ajuizamento da ação ou até mesmo após, tão logo teve ocasião de fazê-lo.

O artigo 2º, sempre da mesma lei, prevê que no momento em que uma ação de difamação foi interposta contra um jornal, o réu pode argüir que a difamação foi publicada sem nenhuma intenção de prejudicar *(malice)* sem nenhuma negligência de sua parte e que, além disso, propôs ao autor publicar um pedido de desculpas.

Esse pedido de escusas, à diferença do previsto pela lei sobre a difamação de 1952 *(Defamation Act)*, no seu artigo 4º, concernente à publicação inocente de difamação de pessoa atingida incidentalmente, como já vimos no § 1º da Seção 2 do Capítulo 2, não é considerada como causa de exoneração da responsabilidade (Salmond and Heuston, 1981, p. 176 e 529).

Por outro lado, segundo a jurisprudência, a prova da má reputação da vítima é também de natureza a atenuar sensivelmente a responsabilidade do lesante (Plato Films v. Speidel [1961] AC 1090). As perdas e danos são assim diretamente proporcionais ao valor da reputação da vítima.

É preciso agora observar, inversamente, as situações jurídicas que ensejam perdas e danos as mais elevadas possíveis, o que pode ser considerado como a maior particularidade do Direito inglês no domínio dos efeitos da responsabilidade civil por difamação.

SEÇÃO III - AS PERDAS E DANOS EXEMPLARES

A condenação a perdas e danos "exemplares" *(exemplary damages)* é, ao que parece, uma característica dos direitos da família da *Common law*. Trata-se, como o seu próprio nome indica, de uma indenização tão elevada que possa servir de exemplo aos outros membros da sociedade, no sentido de que o comportamento do autor do dano é a tal ponto condenável que ele merece uma sanção complementar.

Eis porque as perdas e danos "exemplares" *(exemplary damages)* são também denominadas *punitive damages.* Encontra-se aqui, fora de dúvida, a idéia de dissuasão *(theory of deterrence)* muito freqüente no Direito inglês da responsabilidade civil. A responsabilidade civil e a responsabilidade penal encontram-se de alguma forma confundidas graças a esse paralelismo de funções. A distinção entre a função reparadora da responsabilidade civil e preventiva da responsabilidade penal não é, no Direito inglês, tão clara quanto nos Direitos romanistas.

A posição tradicional (§ 1º) da *Common law* sobre essa matéria foi presentemente modificada de forma sensível; as perdas e danos "exemplares" foram submetidas a novos pressupostos (§ 2º).

§ 1º - *A posição tradicional da* Common law

A história das perdas e danos "exemplares" na Inglaterra[71] pode ser resumida de forma sucinta a partir de uma causa célebre - Wilkes v. Wood - julgada em 1763. A vítima, John Wilkes, escreveu um artigo no jornal *The North Briton* no qual atacava pessoalmente inúmeras pessoas. Um processo criminal por difamação *(libel)* foi interposto. Não foi absolutamente provado que o Senhor Wilkes era o autor do artigo em questão, o que motivou uma ordem de inquérito assinada pelo Secretário de Estado Lorde Halifax, através da qual ele autorizava que fosse feita uma inspeção na casa do suspeito. O Senhor Wood e outros colocaram em execução essa ordem, verificando todos os documentos que puderam encontrar na casa do Senhor Wilkes. Este intentou uma ação por *trespass* contra o Senhor Wood. O Lord Chief Justice Pratt decidiu que não era da competência da

Secretria de Estado o deferimento de ordens de inspeções, dando assim razão ao autor. Ele motivou sua decisão do seguinte modo: "[...] O júri tem o poder de condenar em perdas e danos além da reparação do dano. As perdas e danos não têm somente a finalidade de indenizar a vítima, mas também a de punir o culpado a fim de dissuadir todos os outros de semelhante comportamento e isso como um sinal de desaprovação do júri em relação ao comportamento em causa". O júri reconheceu em favor do Senhor Wilkes 1.000 libras esterlinas, o que, segundo Lord Denning, era à época uma verdadeira fortuna, o equivalente a aproximadamente 25.000 libras esterlinas de hoje. Em outro aresto, Huckle v. Money, o júri reconheceu em favor do editor do mesmo jornal, The North Briton, que foi preso durante os mesmos eventos, a soma de 300 libras esterlinas o que, sempre segundo Lorde Denning, é o equivalente, aproximadamente, a 7.500 libras esterlinas hoje. Em última instância, o Lord Justice Pratt decidiu que "a entrada na casa de outrem, com uma ordem de inspeção ilegalmente deferida, a fim de obter provas, era pior do que a Inquisição espanhola; um direito no qual um cidadão britânico não desejaria viver um só momento; trata-se da maior ofensa à liberdade de um cidadão. É reconhecido, desde há muito, pelas jurisdições inglesas, ao júri, a competência de condenar a perdas e danos "exemplares", no momento em que a conduta do réu é, a seus olhos, tão criticável que se torna necessário, segundo uma fórmula de Lord Diplock, 'ensinar ao lesante que o dano não lhe pode ser lucrativo' (Cassel & Co. Ltd., v. Broome [1972] AC 1027; House of Lords [1972] I All ER 801). Esse procedimento é particularmente utilizado na responsabilidade civil por difamação, na responsabilidade por simulação no contrato (deceit), na responsabilidade por prisão ilegal (false imprisonment) e por abuso processual (malicious prosecution) (Williams & Hepple, 1976, p. 68). Mas é no campo do tort of defamation que ele encontra o seu campo de aplicação privilegiado (Ibidem, p. 70).

ensejam aplicação de perdas e danos "exemplares" tal como foi concebido por Lorde Devlin no acórdão Brookes v. Barnard.

Aliás é curioso constatar que Lorde Denning não faz sequer menção a essa categoria de situações no momento em que critica a posição de Lorde Devlin. Mas isso não poderia ensejar ao *turbulent Master of the Rolls*, a ocasião de dizer que o precedente da Câmara dos Lordes havia sido prolatado *per incuriam*.

Conclusão

O estudo da responsabilidade civil por difamação no Direito inglês demonstra à evidência sua especificidade em relação aos outros tipos de responsabilidade civil. Ela não comporta, em princípio, nem a prova da culpa, nem mesmo a do dano. Razão a mais, ao que parece, para que seja disciplinada à parte, sem referência a um princípio geral de responsabilidade. Nesse sentido, o Direito inglês tem isso de particular, o *tort of defamation* tem suas próprias condições e seus próprios efeitos. Inobstante, não é isento de crítica: a ausência da noção de abuso de direito o obriga a apelar para noções particularíssimas, como as da honestidade da crítica ou da intenção de prejudicar (*malice*). No que concerne mais particularmente ao direito de informação (*Press Law*), o direito subjetivo de resposta simplesmente inexiste. Mas, sobretudo, a ausência de uma proteção da vida privada conduz o Direito inglês da responsabilidade civil a desviar-se das funções que lhe são próprias. Esse desvio de instituição demonstra maravilhosamente o que falecido professor Rodière (1979, p. 54) chamava "lei de substituição".

Não obstante sua especificidade, nada impede que o *tort of defamation* possa ser, à imagem dos outros tipos de responsabilidade, objeto de sistematização. Estamos com efeito bem longe da famosa frase de O.W. Holmes a respeito do primeiro livro importante que teve por objeto a responsabilidade civil na Inglaterra (Addison, 1860): "a responsabilidade civil não pode ser o tema para um livro jurídico". A menor sistematização do direito da responsabilidade civil na Inglaterra não parece ser devida a seu caráter jurisprudencial ou histórico. Muito embora não se possa considerar o Direito francês como um sistema de *case-law*, a jurisprudência em matéria de responsabilidade civil é também importante, mas o gosto pela exposição lógica e racional leva os juristas franceses a uma sistematização de longe muito mais aprofundada.

Da mesma forma que para os outros tipos de responsabilidade civil, o *tort of defamation* pertence quase que exclusivamente à *Common law*. A legislação *(statute law)*, mais freqüentemente, não é senão uma errata, um adendo das regras jurisprudenciais. Ela lembra assim a teoria clássica da legislação no Direito inglês que é o inverso da célebre fórmula segundo a qual *non exemplis sed legibus judicandum est.*[73] O que mais surprende no estudo que acabamos de fazer é o caráter contrastado do Direito inglês em relação ao francês de um lado e o americano de outro. Com respeito ao Direito francês, a observação mais importante é, sem dúvida, a que diz respeito não propriamente às diferenças técnicas bastante evidentes nos dois lados do Canal da Mancha, mas sobretudo a diferença dos efeitos da responsabilidade. O Direito francês ignora a alocação de perdas e danos "exemplares" *(exemplary damages)* e as condenações simbólicas de um meio *peny* são reservadas na Inglaterra a casos excepcionais, em que a reputação da vítima não merece grande coisa. O montante da indenização é seguramente muito mais elevado do que na França. Tal constatação não passou despercebida nas pesquisas do professor René David (1986, p. 165). Duas razões foram indicadas por esse grande comparativista francês para explicar tal diferença: a disparidade de remunerações

---

[73] Essa teoria clássica da lei no Direito inglês foi, em inúmeros casos, questionada recentemente. Ver notadamente Scarmann (1975).

dos juízes nos dois países parece ter uma incidência sobre a moderação dos juízes franceses de um lado e sobre a prodigalidade dos juízes ingleses de outro. Além disso, estes têm tendência a levar em consideração os graus da culpa, enquanto que aqueles não têm a possibilidade de apelar para a condenação a perdas e danos "exemplares". O professor David chamou a atenção de forma admirável, sobre o fato de ser a prática judiciária inspirada pelo sentimento da sociedade em geral e que as partes têm consciência disso. A condenação a perdas e danos cujos montantes são consideráveis para a reparação de um dano moral inspiraria a repugnância do povo francês.

É preciso não esquecer que a reparação por ofensas à reputação pertence no Direito francês ao domínio da responsabilidade por dano moral e que a concepção moral é a tela de fundo da responsabilidade civil, como bem observou Ripert (1949, p. 17). É sobretudo essa concepção moral que sinala a diferença entre o *tort of defamation* e a responsabilidade civil delitual por difamação. Ela remonta na Inglaterra à época dos Tudors, onde a Reforma teve por conseqüência a ruptura total com as concepções morais católicas[74]. Observamos que os casos suscetíveis de uma ação por responsabilidade civil por difamação, favorecida pela introdução de um novo remédio jurídico - *the action upon the case* - surgiram justamente nessa época e somente foram possíveis graças ao declínio das cortes eclesiásticas e ao questionamento, pelos reformadores de Oxford, das concepções morais católicas. As civilizações francesa e inglesa passaram a ser, a partir desse último acontecimento, não somente distantes uma em relação à outra, mas igualmente "repulsivas uma em relação à outra". É lamentável que os grandes historiadores do Direito inglês não tenham valorizado o meio ambiente político que foi, ao que parece, a origem da aparição histórica da responsabilidade civil

---

[74] Ver Capítulo I, Seção I, § 2º, B.

por difamação e que determinou-lhe o conteúdo. No momento em que se analisa a influência do Direito canônico sobre o Direito civil moderno, tem-se a tendência a se concentrar no Direito de família. Ora, ela foi de longe muito mais vasta! A moral católica, expurgada paulatinamente do Direito de família, subsiste ainda, queiramos ou não, em inúmeros campos de modo quase despercebido.

A explicação da disparidade flagrante das soluções inglesa e francesa não pode ser encontrada senão nessa época precisa da história geral. Se quisermos entretanto acrescentar uma outra explicação de ordem jurídica, ainda seria preciso apelar para as teorias sobre o fundamento da responsabilidade civil. Parece que, no Direito inglês, a idéia de dissuasão *(theory of deterrance)* tenha sido a fonte de inspiração das cortes inglesas quando trataram de calcular o montante das perdas e danos.

Por outro lado, no momento que se compara o Direito inglês com o americano, outra constatação absolutamente diferente se impõe. Nos Estados Unidos, o imenso poder da imprensa logrou êxito em restringir consideravelmente a responsabilidade civil a seu respeito, notadamente quando se trata da publicação de matéria que disser respeito ao interesse geral. É surpreendente constatar, aliás, que no Direito americano o responsável por uma ofensa à vida privada é freqüentemente condenado à reparação do dano, muito embora se trate de uma declaração cujo conteúdo é corroborado pelos fatos, enquanto que para o autor de uma ofensa à reputação semelhante tratamento jurídico não se observa, ainda que as declarações se asseverem falsas, posto que o interesse geral esteja em jogo.

O caráter dramático disso que acabamos de constatar foi ilustrado recentemente por um antigo presidente dos Estados Unidos: "Nos meus trinta anos de vida pública, eu vi inúmeros jovens, homens e mulheres, abandonarem suas carreiras políticas e voltarem à vida privada porque não queriam de forma alguma, nem para eles mesmos, nem para suas famílias, a pressão e o isolamento insuportáveis que são próprios do debate público. A diferença entre os homens políticos antes e depois de Watergate repousa sobre a circunstância de que, em nossos dias, as chances de aprovação e até mesmo de estima das pessoas pelo cmprimento do dever público são muito pequenas. De outro lado, os riscos de ingerências na vida privada dos homens políticos são, de longe, muito maiores e as pressões e a transparência às quais eles são compelidos desde o momento em que entram na cena política se tornam insuportáveis para a maioria deles. Doravante, isso terá certamente conseqüências em detrimento ao mesmo tempo da qualidade e do número de homens e mulheres que pretendam participar da vida pública"[75].

Qualquer que seja a opinião que se tenha sobre o autor dessa afirmação, um político muito discutido, o menos que se pode dizer é que ele está muito bem colocado para exprimi-la.

Em verdade, um direito da responsabilidade civil por difamação mais estrito pode servir de incentivo ao ingresso de cidadãos ciosos de sua reputação na vida pública. Inversamente, um direito que não protege suficientemente nem a reputação e nem a vida privada não pode senão desencorajá-los. As cortes inglesas perceberam rapidamente semelhante circunstância. Inspirados pela moral vitoriana, trataram de preservar a suscetibi-

---

[75] In my thirty-six years of public life I have seen many able young men and women give up their political careers and return to private life because they di not want for themselves - or for their families - the kind of pressure and isolation that go with public controversy. Thje difference between politics before and after Watergate is striking in this regard. Today the chances of receiving much approval or esteem for accomplishements in public life are slim. The Risks of glaring invasions of privacy are much grater, and the kinds of sacrificies and disclosures required for entering politics in the first place have simply become prohibitive for many. This is bound to affect de trimentally both the quality and the number of men and women who are willing to present themselves for public office. 1982, p. 23).

lidade dos *gentlemen* contra as investidas, notadamente publicadas por meio da imprensa.

Vimos que o Direito inglês se mostra bastante mais inflexível em relação à imprensa, notadamente evitando reconhecer-lhe em termos gerais, uma imunidade relativa no domínio das publicações concernentes ao interesse geral. Não resta à imprensa, em princípio, senão a defesa da crítica honesta (*fair comment*) que supõe a prova da veracidade dos fatos imputados à vítima e a honestidade do ponto de vista[76].

Essa posição do Direito inglês foi criticada inúmeras vezes. Particularmente por Denning (1982, p. 161), que se apresenta como alguém que "conhece todo o direito da responsabilidade por difamação" e que a considera como em um estado deplorável. No que concerne à imprensa, sua posição é mais sutil. Inicialmente, ele sugere a criação de uma nova causa de exoneração de responsabilidade: a defesa de *fair information on a matter of public interest*. Na medida em que os órgãos de imprensa se conduzirem de uma forma honesta e a informação disser respeito ao interesse geral, não pode haver responsabilidade civil além da intenção de prejudicar (*malice*). O caso Webb v. The Times (QBD [1960] II All ER 789) reforça esse ponto de vista. Em seguida, preconiza a utilização das perdas e danos "exemplares" (*exemplary damages*) quando o comportamento do órgão de imprensa pode ser caracterizado como abuso de poder (Denning, 1982, p. 212).

Inversamente, há também os que sugerem uma inflexibilidade ainda maior. O senhor Pitt (1976, p. 192), por exemplo, surpreende-se que a Comissão Faulks para a reforma do direito da responsabilidade por difamação não tenha sugerido a supressão da imunidade absoluta.

---

[76] É preciso ainda sublinhar que a responsabilidade por difamação não é a única restrição à liberdade de imprensa na Inglaterra. A *Law of Contempt* tem aqui um lugar tão importante quanto o *tort of defamation*. Ver Callender Smith, 1978, p. 92).

A intenção de prejudicar (*malice*) deveria, no seu ponto de vista, evencer semelhante causa de exoneração da mesma forma que ela torna ineficaz a imunidade relativa.

De qualquer forma, A Comissão Real continuou a afirmar firmemente que a imprensa deveria ser submetida ao Direito comum e que não havia nenhuma razão particular para reformar o Direito nessa matéria[77].

Em uma época em que a liberdade de expressão parece ser um valor incontestado, um arrazoado em favor de uma proteção da reputação dos cidadãos corre o risco de ser considerado de alguma forma como ultrapassado. O Direito inglês, entretanto, demonstra que os dois valores em questão não são necessariamente contraditórios. É certamente mais estrito do que o de qualquer outra nação livre, mas deve-se reconhecer que a Inglaterra não conhece por isso menos liberdade.[78]

---

[77] Ver Capítulo III, Seção III, § 2º, A, *in fine*.

[78] The Law of England is certainly stricter that of any other free country, thougt it must be said the England does not feel much less free on that account (Weir, 1979, p. 431).

A responsabilidade civil por difamação no Direito inglês 145

Bibliografia

I - LIVROS E ARTIGOS EM REVISTAS

Addison. *Wrongs and their remedies, being a treatise on the law of torts*, 1860.

Ancel, Marc. *Utilité et méthodes du droit comparé*. Neuchâtel: Ides et Calendes, 1971.

Badinter, Robert. *La protection de la vie privée contre l'écoute téléphonique clandestine*. JCP, n° I, 1971. p. 2435.

Baker, J.H. *An introduction to English legal history*. 2.ed. London: Butterworths, 1979.

Betti, Emilio. *Cours de droit civil comparé des obligations*. Milano: Giuffrè, 1958.

Callender Smith, Robin. *Press Law*. London: Sweet & Maxwell, 1978.

Capitant, Henri; Weill, Alex & Terre, François. *Les grands arrêts de la jurisprudence civile*. 7.ed. Paris: Dalloz, 1976.

Carbonnier, Jean. *Droit civil. Les obligations*. 11.ed. Paris: PUF, 1982.

Clerk and Lindsell on torts. 14.ed. Sweet & Maxwell, 1975.

Cross, Rupert. *Statutory interpretation*. London: Butterworths, 1976.

David, René. *Les grands systèmes de droit comparé*. 8.ed. Paris: Dalloz, 1982.

——. *Le droit anglais*. Paris: PUF, 1969.

——. *English law and French law*. London: Stevens, 1980.

——. *Le droit comparé. Droits d'hier, droits de demain*. Paris: Economica, 1982.

——. & Brierley, John E.C. *Major legal systems in the world today*. London: Stevens, 1978.

Denning, Lord. *The discipline of law*. London: Butterworths, 1979.

———. *The family story.* London: Butterworths, 1981.

———. *What next in the law.* London: Butterwoths, 1982.

Dias, R.W.M. & Markensis, B.S. *The English law of torts. A comparative introduction.* Bruxelles: Emile Bruylant, 1976.

Dumas, Roland. *Le droit de la information.* Paris: PUF, 1981.

Ducan, & Neill. *Defamation.* 2.ed. London: Butterworths, 1982.

Fitfoot, C.H.S. *History and sources of the Common Law Tort and Contract.* London: Sweet & Maxwell, 1949.

Fleming, John. *The law of torts.* 5.ed. Sidney: Law Book, 1977.

———. *An introduction to the law of torts.* Oxford: Oxford Clarendon, 1977.

Flour, Jacques & Aubert, Jean-Luc. *Droit civil. Les obligations, sources: le fait juridique.* v.2. Paris: Armand Colin, 1981.

Friedmann, W. *Legal theory.* 5.ed. London: Stevens, 1967.

Gatley. *On libel and slander.* 5.ed. London: Sweet & Maxwell, 1960.

Geldart, William. *Elements of English law.* 8.ed. Oxford: Oxford University, 1975.

Geoffroy. Le secret privé dans la vie et dans la mort. *JCP*, n.1, 1974, p.2604.

Gutteridge, H. C. *Le droit comparé.* Tradução de René David. LGDJ, Paris: 1953.

Hepple, B.A. & Matthews, M.H. *Tort: cases and materials.* London: Butterworths, 1974.

Holdsworth, William. *A history of English law.* v.8. London: Sweet & Maxwell, 1956.

James, Philip. *Introduction to English law.* 10.ed. London: Butterworths, 1979.

Jörs, D. & Kunkel, W. *Derecho privado romano.* Tradução por Pietro Castro. Barcelona: Labor, 1965.

Kaye, J.M. Libel and slander - two torts or one? *LQR*,n.91, 1975.

Kayser, Pierre. *La protection de la vie privée. Protection du secret de la vie privée.* v.1. Paris: Economica, 1984.

Kerr, Michael. Law reform in changing times. *LQR*, v.96, 1980, p.515-33.

Kiralfy,A.K.R. *The English legal system.* London: Sweet & Maxwell, 1973.

———. *Source book of English law.* London: Sweet & Maxwell, 1957.

Le Tourneau, Philippe. *La responsabilité civile.* 3.ed. Paris: Dalloz, 1982.

Marty, Gabriel & Raynaud, Pierre. *Droit civil. Les obligations.*t.2, v.1 Paris: Sirey, 1962.

Mazeau, Henri; Mazeaud, Léon; Mazeaud, Jean & Tunc, André.*Traité théorique et pratique de la responsabilité, civile délictuelle et contractuelle.* 6.ed. Paris: Montchrestine, 1970.

———. L. absorption des règles juridiques par le principel de responsabilite civile. *D,* 1935, p. 5.

Milsom, S,F.C. *Historical foundations of the Common Law.* 2.ed. London: Butterworths, 1981.

Nerson. La protection de la vie privée en droit positive français. *RIDC,* 1971, p. 757.

Nixon, Richard. *Leaders. Profiles of and reminiscences about men who have shaped the modern world.* London: Sidwick & Jackson, 1982.

Osborn, P.G. *A concise law dictionary.* 5.ed. London: Sweet & Maxwell, 1964.

Pitt, G.J. Reports of Comittees. Reports of the Comittee on Defamation, *MLR,* n.39, mar/1976.

Pradel. Les dispositions de la loi n. 76.643 du 17 juillet 1970, sur la protection de la vie privée. *D,* 1971, p. 14.

Ripert, Georges. *La règle morale dans les obligations civiles.* 4.ed. LGDJ, 1949.

Rodière, René. *Introduction au droit comparé.* Dalloz, 1979.

Salmond and Heuston. *On the law of torts.* 8.ed. London: Sweet & Maxwell, 1981.

Savigny, F.C. *Traité de droit romain.* t.1. Paris: Firmin Didot Frères, 1855.

Scarman, L. *English law: the new dimension.* London: Sweet & Maxwell, 1975.

Starck, Boris. *Droit civil. Obligations.* Paris: Librairies Techniques. 1972.

Street, Harry. *The law of torts.* 2.ed. London: Butterworths, 1959.

Tamello, Ilmar. La ratio decidendi et la règle de droit. In: Perelman, Ch. *La règle de droit.* Bruxelles: Centre National de Recherches de Logique. Emile Bruylant, 1971.

Tocqueville, Alexis de. *De la démocratie en Amérique.* Paris: Garnier-Flammarion, 1981.

Trevelyan, G.M. *A shortened history of England.* London: Penguin Books, 1981.

Tunc, André. *La responsabilité civile.* Paris: Economica, 1981.

——. *Le droit des États-Unis.* Paris: PUF, 1974.

Villers, Robert. *Rome et de droit privé.* Paris: Albin Michel, 1977.

Weill, Alex & Terre, François. *Droit civil. Les obligations.* 2.ed. Paris: Daloz, 1975.

Weir, Tony. *A casebook on tort.* 4.ed. London: Sweet & Maxwell, 1979.

Williams, Glanville & Hepple, B.A. *Foundations of the law of tort.* London: Butterworths, 1976.

Winfield and Jolowicz On tort. 11 ed. London: Sweet & Maxwell, 1979.

Zweigert, Konrad & Kötz, Heinz. *An introduction to comparative law* v. 1 e 2. Tradução de Tony Weir. Amsterdam: North Holland, 1977.

II - JURISPRUDÊNCIA

King v. Lake [1668], Kiralfy, Source Book of English Law, p. 154.

Reynolds v. Clarke [1725] 93 E.R.

Dibin v. Swan [1793] 1 Esp. 28.

Mc Pherson v. Daniels [1829] 10 B C. 263. 272.

Campbell v. Spottiswoode Q.B. [1863] 122 E.R. 288.

Merivale v. Carson [1887] 20 Q.B.D. 275.

Monson v. Tussands, Ltd., Court of Appeal [1891-4] All E.R. 1051.

Chatterton v. Secretary of State for India, Court of Appeal [1895-4] All E.R. Rep. 1035.

Stanley v. Powell [1891] 1 Q.B. 86.

Vizetelly v. Mudie's Select Library Ltd. [1900] 2 Q.B.D. 170, 180.

Tomas v. Bradbury, Agnew & Co Ltd. [1906] 2 K.B. 627; [1904-07] All E.R. Rep. 220.

Hulton & Co v. Jones, House of Lords [1908-10] All E.R. Rep. 29.

Huth v. Huth, Court of Appeal [1914-15] All E.R. Rep. 242.

Jones v. Jones [1916] 2 A.C. 481.

More v. Weaver [1928] 2 K.B. 522.

Cassidy v. Daily Mirror Newspapers, Ltd., Court of Appeal [1929] All E.R. Rep. 117.

Watt v. Longsdon, Court of Appeal [1929] All E.R. Rep. 284.

Minter v. Priest [1930] A.C. 558.

Tolley v. Fry & Sons Ltd., House of Lords [1931] All E.R. Rep. 131.

Bottomley v. Woolworth & Co [1932] 48 T.L.R. 521.

Doneghue v. Stevenson [1932] A.C. 562.

Youssoupoff v. Metro-Goldwyn-Mayer Pictures Ltd., Court of Appeal [1934] 50 T.L.R. 581.

Sim v. Stretch, House of Lords [1936] II All E.R. 1237.

Byrne v. Deane, Court of Appeal [1937] 2 All E.R. 204.

Gray v. Jones, K.B.D. [1939] I All E.R. 798.

Newstead v. London Express Newspaper Ltd., Court of Appeal [1939] IV All E.R. 319.

English and Scottish Co-op. Properties Mortgage and Investsment Society, Ltd. v. Odham Press Ltd., Court of Appeal [1940] I All E.R. 1.

Turner v. Metro-Goldwyn-Mayer Pictures Ltd., House of Lords [1950] I All E.R. 449.

National Coal Board v. J.E. Evans [1951] II All E.R. 310.

Kemsley v. Foot, House of Lords [1952] I All E.R. 501.

Webb v. Times Publishing Co., Ltd., Q.B. [1960] 2 All E.R. 789.

Plato Films v. Speidel [1961] A.C. 1090.

Theaker v. Richardon, Court of Appeal [1962] I All E.R. 229.

Lewis v. Daily Telegraph Ltd., House of Lords [1964] A.C. 234; [1963] II All. E.R. 151

Rookes v. Barnard, House of Lords [1964] I All E.R. 367.

Egger v. Viscount Chelmsford, Court of Appeal [1964] III All E.R. 406.

Mc Carry v. Associated Newspapers, Ltd., Court of Appeal [1964] III All. E.R. 947.

Conway v. Rimmer [1968] I All E.R. 874.

London Artists, Ltd. v. Littler, Court of Appeal [1969] II All E.R. 193.

Morgan v. Odham Press Ltd., House of Lords [1971] II All E.R. 1156.

Church of Scientology of California v. Johnson-Smith, Q.B. [1972] I All E.R. 378.

Cassel & Ltd. v. Broome, House of Lords [1972] I All E.R. 801.

Horrocks v. Lowe, House of Lords [1974] I All E.R. 662.

III - LEGISLAÇÃO

1688 Bill of Rights (1 Will. & Mar. Sess. 2, c. 2).

1792 Libel Act (32 Geo. 3, c. 60).

1840 Parlamentary Papers Act (3 & 4 Vict. c. 9).

1843 Libel Act (6 & 7 Vict. c. 96).

1845 Libel Act (8 & 9 Voct. c. 75).

1852 Common Law Procedure Act (15 & 16 Voct. c. 76).

1888 Law of Libel Amendment Act (51 & 52 Vict. c. 64).

1891 Slander of Women Act (54 & 55 Vict. c. 51).

1925 Supreme Court of Judicature (Consolidation) Act (15 & 116 Geo. 5 c. 29).

1952 Defamation Act (15 & 16 Geo. 6 & 1 Eliz. 2 c. 66).

1968 Theatres Act (c. 54).

1974 Rehabilitation of Offenders Act (c. 53).